BERND TRUSHEIM

DEIN

ERKENNTNIS-
ENTWICKLUNGS-

TAGEBUCH

Layout und Gestaltung einschl. Cover:
Bernd Trusheim

Fotos / Bildnachweise S. 252

Bibliografische Information der Deutschen Nationalbibliothek:
Die Deutsche Nationalbibliothek verzeichnet diese Publikation in der
Deutschen Nationalbibliografie; detaillierte bibliografische Daten sind im
Internet über http://dnb.dnb.de abrufbar.

Herstellung und Verlag:
BoD – Books on Demand, Norderstedt, Deutschland

ISBN: 9783752830644

BERND TRUSHEIM

DEIN

ERKENNTNIS-
ENTWICKLUNGS-

TAGEBUCH

Inhaltsverzeichnis

Vorwort   11

Hintergrund – Sinn und Ziel dieses Buches   11

Wirkungen dieses Tagebuches und Trainings   13

Der Gebrauch des Tagebuchs und Trainings   14

Täglich üben   14

Das Argument „keine Zeit" zählt nicht!   14

Erwarte am Anfang nicht zu viel   15

Deine Konsequenz entscheidet über deinen Erfolg   15

Zur Auswahl der Übungen und Fragen   15

Wirkungen der Beantwortung der Fragen   16

Die vier Bausteine des Trainings   17

1 .Die Körperdehnung – Ausdehnung   18

Mach dich länger und größer!   18

Wirkungen des Dehnens und Sich-Streckens   18

Probeübung   18

Hintergrundinformationen   20

2. Der Atem- und Bodyscan   22

Spüre in deinen Körper hinein! Der wichtigste Schritt zur Körperbewusstheit   22

Die Wirkungen des Atem- und Bodyscan   22

Was und wie kannst und sollst du etwas erspüren   24

Atem-/Bodyscan im Sitzen   25

Atem-/Bodyscan im Liegen   26

Hintergrundinformationen   26

3. Meditation in Stille   28

Wirkungen der Meditation   28

Sitzen in Stille   30

Hintergrundinformationen   32

Achtsamkeit und Gegenwart   32

Meditation – den Geist erforschen   33

Die Atmung als Schlüssel zur Gegenwartserfahrung und Meditation 34

Finde zu deiner Größe! Richte dich auf und nicht ab! 36

Die Wirkungen der Aufrichtung 36

Variationen der Gesamtübung 38

Probetraining für die tägliche Grundübung 39

4. Das Tagebuch schreiben vor dem Schlafengehen 41

anhand der Fragestellungen und Vorlagen

Dankbarkeit – eine Liebeserklärung an das Leben 42

Wirkungen der Dankbarkeit 42

Nur noch durch die rosarote Brille sehen 43

Wofür kannst du dankbar sein 44

Hintergrundinformationen 44

Deine Visionen, Ziele, Vorhaben 45

Deine Tagebuchführung und Auswertung – ein machtvolles Erkenntnisinstrument 52

Die vielseitigen Möglichkeiten der Auswertung 52

Körperliches, emotionales und mentales Befinden 53

Welche Werte möchtest du erreichen 53

Achtung Grenzwerte! 54

Wochenrückblick, erste Monatsauswertung, Gesamtauswertung 54

Aufhören oder weitermachen 56

Zu viel Stress? Antistressübungen 56

Wie du das Buch auch noch anders verwenden kannst 57

Abänderungsmöglichkeiten des Programms 57

Wer bist du 58

Bist du dein Körper? 58

Bist du deine Gefühle? 58

Bist du deine Gedanken? 59

Tagesauswertungsbögen Beispiele 60

Aus dem Kopf zurück in die Gegenwart 64

Teil 2

Deine Vertragserklärung zur Durchführung des Trainings   66

1. Woche Tage 1 - 7   68

Erster Wochenrückblick   82

2. Woche Tage 8 - 14   86

Zweiter Wochenrückblick   100

3. Woche Tage 15 - 21   104

Dritter Wochenrückblick   118

Dein Atem – der zentrale Schlüssel zur Bewusstheit   122

Die acht Wirkungen guter Atmung nach Trusheim   123

Die Regulation der Atmung   125

Atemfakten   126

BEAP – der bewusstseinserweiternde Atemprozess   127

Im Rhythmus bleiben   128

Variation und Intensivierung der Meditationsübung   130

4. Woche Tage 22 - 28   132

Vierter Wochenrückblick   146

1. Monatsbilanz   152

5. Woche Tage 29 - 35   156

Fünfter Wochenrückblick   170

6. Woche Tage 36 - 42   176

Sechster Wochenrückblick   190

7. Woche Tage 43 - 49   196

Siebter Wochenrückblick   210

8. Woche Tage 50 - 56   214

Achter Wochenrückblick   228

2. Monatsbilanz   232

Gesamtauswertung   236

Weitere Bücher von Bernd Trusheim   246

Informationen zum Autor   247

Weiterbildungen   248

Literaturliste   250

Bild- und Fotonachweise   252

Auch wer um die ganze Welt reist,
um das Schöne zu suchen,
findet es nur, wenn er es in sich trägt.

Ralph Waldo Emerson

Ich bin diesen Weg gegangen,
ich bin jenen Weg gegangen,
dann bin ich meinen Weg gegangen.

Chinesische Weisheit

Vorwort

Schaffst du es in deiner Alltagsroutine täglich den Überblick zu behalten, dich gut zu zentrieren und zu erden? Den Kopf immer wieder freizuschalten? Kannst du deine Leistung und Konzentration festigen und deine Ziele und Visionen klar im Blick behalten? Entfaltest du deine wahren Potenziale oder lebst du eher in vielen Bereichen „ungelebt"? Hast du eine tiefe Erkenntnis in deinem Leben, die dich immer wieder erinnert an das „wofür" und „warum" du am Morgen aufstehst und die Dinge machst, die du machst? Diese Fragen berühren mich – sie kommen aus meiner Betroffenheit. Ich habe eine Reihe von Ratgebern gelesen, doch irgendwie hat mir immer so eine Art Tagebuch, ja eher ein Trainingstagebuch gefehlt. Etwas, dass ich in wichtigen Veränderungs- und Belastungsphasen konsequent jeden Tag führe, in das ich direkt reinschreiben kann, ohne eine Zettelwirtschaft, und das ich analog mit Händen anfassen kann. Dies war der Anlass, es mit diesem Buch besser zu machen. Es ist auch ein Stück meine eigene Therapie. Ich möchte es aber nicht für mich behalten, sondern mit dir teilen. Somit ist es auch eine Einladung oder eine Ermutigung für dich, dieses Trainingstagebuch auszuprobieren.

Warum ein anderes Tagebuch?

Tagebuchschreiben erinnert mich meistens an Mädchen aus der Jugendzeit, die so ein geheimes Büchlein hatten. Für uns Jungens war das nicht von Interesse. Doch auf Reisen führe ich immer ein Reisetagebuch. Da finde ich Zeit und Muße, mein Erlebtes zu formulieren, auch, um die vielen Eindrücke zu verarbeiten. Die Vorteile eines Tagebuches: Es hilft dir dabei, deine Gedanken und Gefühle zu reflektieren und zu ordnen. Es ist eine Unterbrechung in der Alltagsroutine, ein Innehalten, eine produktive Pause. Du kannst dir dabei auch „Vieles von der Seele schreiben". Dein Tagebuch ist dein vertrauter stiller und geduldiger Zuhörer. Zusätzlich hat es eine wichtige Katharsisfunktion. Wenn etwas aufgeschrieben ist, ist es ausgesprochen. So bekommt es eine Form und gelangt ins Bewusstsein. Es kann nicht weiter im Unbewussten herumwühlen und uns Energie rauben. Wie viele Dinge tragen wir innerlich in unseren Selbstgesprächen und Gedanken ständig mit uns herum, die wir nie wirklich hochkommen lassen, bearbeiten, ordnen und lösen?

Der Nutzen eines Tagebuchs ist sicherlich auch abhängig davon, wie es inhaltlich strukturiert ist oder ob es gar keine Struktur hat. Dieses Tagebuch ist eher mit einem Trainingstagebuch vergleichbar, einem Kontrollbuch mit vorgegebener Struktur und Übungen. Die großen Vorteile sind, dass du dich auf wesentliche Fragen konzentrierst statt dich in zu vielem Schreiben zu verlieren. Außerdem werden anhand der Hausaufgaben durch Übungskontrolle Veränderungen und Fortschritte schneller sichtbar.

Dein Leben beinhaltet viel Entwicklung und Erkenntnis

Darum lautet der Buchtitel „Dein Erkenntnis- und Entwicklungstagebuch". Das klingt zunächst etwas abgehoben, doch die tägliche Übungspraxis bringt dir Erfahrungen und Erkenntnisse in der Entwicklung sowie im Auswickeln deiner wahren Potenziale. Durch die Struktur der Fragestellungen und Übungen kommst du dir mehr und mehr auf die Spur. Du wirst, was du bereits in dir hast, aber noch nicht weißt. Und dann staunst du! Du freust dich und *wirst bereit und dankbar für das, was geschieht.*

WIRKUNGEN DIESES TAGEBUCHS UND TRAININGS:

Die Übungen und Reflektionen helfen dir dabei

- dich zu erden, Boden unter den Füßen zu gewinnen
- dich schneller und tiefer zu entspannen
- gedankliche Ruhe, Zentrierung und Übersicht zu gewinnen
- besser und tiefer zu schlafen
- viele kreative neue Potenziale und die Leichtigkeit des Seins zu entdecken
- wichtige Probleme gelassener, souverän und selbstbewusst zu lösen
- Entscheidungen in tiefer Klarheit zu treffen
- besser und bewusst zu atmen
- Heilungsprozesse zu unterstützen und zu beschleunigen
- Körperimpulse, Körperwahrnehmung und Körpersprache zu verbessern
- dich im Hier und Jetzt, in die Gegenwart einzubinden und zu fühlen
- mehr Achtsamkeit im Alltag zu gewinnen
- mehr Kraft, Kreativität, Energie, Präsenz und Vitalität aufzubauen
- dich selbst anzunehmen und mit dir ins Reine zu kommen
- mehr Resilienz zu entwickeln
- mehr Selbstverantwortung zu gewinnen
- mehr Selbstvertrauen und Selbstwirksamkeit aufzubauen
- mehr Mitgefühl zu dir selbst und anderen zu entwickeln
- Liebe im Herzen zu entdecken, dir selbst und anderen zu geben
- Dankbarkeit zu fühlen und zu zeigen
- langwierige Dramaturgien aufzulösen

DER GEBRAUCH DES TAGEBUCHS UND TRAININGS

Täglich üben

Um den größten Nutzen daraus zu erzielen, sollte es von dir täglich geführt werden. Täglich, denn es heißt ja „Tagebuch". Auch wenn du nur in den Kontrollbogen reinschreibst oder ankreuzt, „Übung heute nicht gemacht". Ziel ist es, dass es dir ein täglicher Begleiter wird. Es soll zu einer Gewohnheit werden, so wie du täglich deine Zähne putzt. Selbst, wenn du dich nur fünf Minuten am Tage damit beschäftigst. Du musst dich in das Tagebuchschreiben und die Übungen reinarbeiten. Diese Eingewöhnungszeit beträgt einige Wochen. Während und nach dieser Übungszeit entdeckst du die bereits oben beschriebenen Wirkungen – vielleicht nicht alle, aber sehr viele.

Investiere täglich mindestens 40 Minuten in Übungen

Teile die Übungen und das Tagebuchschreiben auf:

Morgens   10 - 15 Min. Atem- und Bodyscan, Dehnungen und Meditation
Mittags   10 - 15 Min. Atem- und Bodyscan, Dehnungen und Meditation
Abends   10 - 15 Min. Atem- und Bodyscan, Dehnungen und Meditation
Vorm Schlafengehen: 10 Minuten Tagebuch schreiben - Kontrollfragen

Das Argument „keine Zeit" zählt nicht!

Es gibt kein Argument „keine Zeit". Diese kleine Investition an Zeit macht sich sehr schnell bezahlbar: Durch bessere Konzentration, mehr Ausgeglichenheit, größerer Leistungsfähigkeit sowie auch in den oben beschriebenen Wirkungen nach längerer Übungspraxis. Mach dir nur einmal kurz bewusst, wie viel du täglich in deiner Freizeit machst, was dich nur ablenkt, aber für deine persönliche Entwicklung wenig förderlich ist, z. B. Medienkonsum, Informationskonsum, Spiele u.a.

Erwarte am Anfang nicht zu viel

Erwartungen schaffen innerlich Druck und Ungeduld. Es sind Gedankenkonstruktionen und haben mit der Wirklichkeit nicht viel zu tun. Wenn du die Zähne unregelmäßig oder nicht gründlich täglich reinigst, kannst du nicht erwarten, dass du keinen Karies oder andere Zahnstörungen mehr bekommst. Also bleib auf dem Teppich und übe regelmäßig.

Deine Konsequenz entscheidet über deinen Erfolg

8 Wochen Training – täglich mindestens 4 x 10 Minuten! Das ist genau der Zeitraum, in dem im Gehirn neue neuronale Aktivitätsmuster eingeschliffen werden – du die Wirkungen tief erfährst und nach dieser Zeit als Gewohnheit ein Stück weit automatisch in dein Leben integrierst. Wie lange hast du gebraucht, um richtig gehen zu lernen? Wie lange hast du gebraucht, um sprechen zu lernen? Eine Krankheit oder Leiden, auch psychisch, kostet dich viel mehr Energie an Zeit und kann außerdem Monate, viele Jahre oder sogar Jahrzehnte dauern. Denk ans Zähneputzen. Du kannst es nicht halb machen oder gar nicht! Schließe einen Vertrag für die acht Wochen mit dir ab. Ein Vertragsformular findest du auf der Startseite S. 66. Fülle es aus und unterschreibe es. Tausche dich online mit anderen Lesern und Übenden in einem dafür eingerichteten Blog aus.

Zur Auswahl der Übungen und Fragen

Im normalen Alltag sind umfangreichere Übungsprogramme oft nur schwer umzusetzen. Deswegen habe ich eine Auswahl der meines Erachtens effektivsten Übungen getroffen – sie sind vielen Menschen bereits bekannt. Diese sind total einfach. Und was einfach ist, lernt sich auch besser. Es handelt sich um den Atem-/Bodyscan, das genüssliche Stretching z.B. gähnen und sich strecken sowie einer kleinen Meditation in Stille. Die Feedbackfragen sind darauf ausgerichtet, deine körperliche und mentale Wahrnehmung zu trainieren zu fokussieren, ebenso unterscheiden zu lernen, was sind Sinneswahrnehmungen, also das körperliche Spüren im Gegensatz zu Emotionen und die Gedanken, die da ständig im Kopf rumschwirren. Die Wirkungen dieser Fragestellungen und ihrer Beantwortungen sind bereits auf S. 13 beschrieben, hier jedoch die wichtigsten aufgeführt:

Wirkungen der Beantwortung der Fragen

- Verbesserung der Körperwahrnehmung
- Verbesserung der Emotionswahrnehmung
- Verbesserung der mentalen Wahrnehmung
- Verbesserung der Präsenz
- Loslösung aus Verstrickungen und Verhaftungen
- Entwicklung der Fähigkeit, dankbar zu sein
- Sich einzulassen in das, was geschieht
- Erkennen der persönlichen Weiterentwicklung

Weitere Hinweise zum Gebrauch

„Deine Tagebuchführung und Auswertung: Ein machtvolles Erkenntnisinstrument" S. 52

„Aufhören oder weitermachen" S. 56

„Wie du das Buch noch anders verwenden kannst" S. 57

DIE GRUNDLAGEN FÜR DEIN TRAINING

Körper-/Geistübungen

1. Dehnen – gähnen – strecken
Dehn und streck dich frei! Atme auf!
Spüre dich im Hier und Jetzt!

2. Atem- und Bodyscan
Ankere und spüre dich in deiner Atmung und in deinem
Körper – die Grundlage zum Aufbau von Körperbewusstheit

3. Meditation in Stille
Beruhige und ordne dein Gedankenkino. Du bist nicht
deine Gedanken – du bist mehr als deine Gedanken.

Tagebuch

4. Tagebuch schreiben
Anhand von ausgewählten Fragen: Reflektiere den Tag,
gewinne Abstand zum Alltag, beschreibe die Essenz
des Tages, erkenne deine Themen und Entwicklungen

1. Dehnen – Gähnen – Strecken

Richtiges genussvolles Rekeln, Dehnen und Gähnen wirkt befreiend und erfrischend. Diese natürlichen Instinkte sind lebenswichtig. Sie entstehen durch Sauerstoff- und Bewegungsmangel, reagieren auf Ermüdung in Kopf und Körper. Solche Verhaltensweisen sind nicht „knigge"gerecht, werden und wurden als schlechte Verhaltensweisen definiert und uns aberzogen. Jedes Tier und kleine Kind dehnt sich und gähnt oft am Tage sehr genüsslich. Wie gut auch Yoga, Stretching und andere Methoden dem Organismus tun, ist hinreichend bekannt. Sich jede halbe Stunde gut durchzudehnen und zu gähnen ist eine ganz einfache und wundervolle Kraftspritze für Körper und Geist.

Wirkungen des Dehnens und Sich-Streckens:

- Reflektorische Vertiefung der Ein- und Ausatmung
- Aktivierung des Gamma-Nervensystems, das den Spannungsgrad in den Muskeln misst und neu einstellt – in eine gute Bereitschaftsspannung = Eutonus
- Lockerung der Skelettmuskulatur sowie Kiefer- und Mundverspannung
- Verbesserung der Elastizität der Muskeln, Sehnen, Bänder, des Gewebes
- Erhöhung des Stimmvolumens und der Resonanz
- Abbau von Ängsten und körperlichen Verkrampfungen
- Reduzierung von psychischem Stress
- Dynamisierung des Kreislaufs
- Unterbrechung des Gedankenkarusells

Probeübung:

Dort, wo du gerade sitzt oder liegst, fange an, dich langsam in alle Richtungen auszudehnen. Die Zehen, die Füße, die Beine in die Länge dehnen, dann weiter auch den Rücken, die Arme, Hände, Finger, den Nacken und den Kopf. Mach dich lang, genieße die Dehnung und spüre gleichzeitig, dass du automatisch plötzlich sehr viel tiefer atmen musst. Zieh dich anschließend wieder zusammen, kauere dich etwas ein und dann dehne dich wie zuvor erneut in alle Richtungen aus. Welch eine Größe, welch eine Freiheit gewinnst du in diesem Moment! Befreie dich! Atme!

Hintergründe

Ein wesentliches Element fast aller Yogaübungen und Grundübungen im Sport ist die Dehnung bestimmter Körperbereiche. Hätten wir eine bessere Wahrnehmung und Instinktentwicklung für körperliches Befinden, wir würden uns am Tage sehr oft automatisch dehnen, öfters gähnen und mehr bewegen. Wir leben in unserem Körper, der aber mit all seinen hochentwickelten Sinnen und Fähigkeiten aus der Steinzeit stammt, immer noch für das Jäger- und Sammlerdasein geschaffen und, um sich 8-14 km täglich durch und in Landschaften zu bewegen. In unserem digitalen Informationszeitalter befinden wir uns in rasanter Degeneration aller Sinne durch Anpassung an die einseitig erforderliche täglich sitzende Tätigkeit vor Bildschirmen. Sitzende Tätigkeit lässt uns immer weiter zusammensinken. Unser Bewegungsspielraum wird begrenzt. 360 Gelenke des Körpers werden nicht richtig genutzt – Gelenke, die unseren Handlungsspielraum eigentlich erweitern sollen. Wir rosten ein. Wenn wir aber zusammensinken, werden wir innerlich eng und begrenzt. Atmung und Kreislauf reduzieren sich auf ein Minimum. Diese Enge erzeugt zusätzlich psychische Probleme wie Ängstlichkeit. Das Wort Angst kommt aus dem Lateinischen „angustus" = eng. Die einzige Lösung gegen Angst ist: Dehne dich aus! Äußerlich mit deinem Körper, wie oben beschrieben, oder zusätzlich z. B. durch Bewegung, Sport, Qi Gong u. a. und komme innerlich deinen irrationalen angstmachenden Glaubenssätzen (Selbstgesprächen, Gedanken) auf die Spur. Mehr Informationen darüber findest du auch in meinem Buch „ATEM KÖRPER BEWUSSTSEIN" (2016, überarbeitete neue Auflage erscheint im Frühjahr 2019).

2. Der Atem- und Bodyscan

Spüre in deinen Körper hinein! Es ist der wichtigste Schritt zur Körperbewusstheit! Die stille Konzentration auf die körperlichen Vorgänge und Empfindungen vor und nach einer Übung ermöglicht dir, die tiefen „Wirkungen" wirklich zu „erfahren". Hiermit trainierst du dein Empfindungsbewusstsein, die Tiefensensibilität. *Erst wenn du entdeckst, wie etwas wirklich in deinem Körper „nach"- „wirkt", entsteht das sogenannte Bewusstsein für deinen Körper.* Gleichzeitig hat dies eine tiefe entspannende und meditative Wirkung. Deine Gedanken fokussieren sich, du verankerst dich im Hier und Jetzt. Nach jeder Übung ruhe aus. Du spürst entweder im aufrechten Sitzen oder im geraden Liegen auf einer Yoga- oder Isomatte in deinen Körper hinein. Hier geht es nicht um Emotionen, sondern um die wertfreie Wahrnehmung von Empfindungen. Du scannst etwas ab, so, wie es gerade ist – wie ein Bild auf einem Scanner. Dies bedeutet, deine Gedanken und Gedankenmuster bewerten nicht, wie es sein sollte oder sein könnte oder müsste. Vielleicht spürst du am Anfang noch gar nichts oder nur wenig oder nur Schmerz. Das ist aber normal, wenn du dies erstmals übst. Mit jedem kontinuierlichen Üben machst du neue Entdeckungen.

Die Wirkungen des Atem- und Bodyscan

- Entspannung der Atmung
- Psychovegetative Entspannung
- Verbesserung der Tiefensensibilität
- Bessere Durchblutung gezielter Körperbereiche, Organe, Muskel- und Knochensysteme
- Körperbewusstsein / Impulswahrnehmung: Signale und Alarmsignale werden schneller erspürt und erkannt, die Sprache des Körpers verstanden und entsprechend ausgleichend reagiert
- Verbesserung der Konzentration durch Unterbrechung des Gedankenhamsterrades
- Stärkung des Immunsystems

Was und wie kannst und sollst du etwas erspüren?

Du beobachtest deine Atmung ohne sie zu verändern. Du beobachtest deine Körperbereiche. Vielleicht erlebst du schmerzvolle Stellen oder andere Bereiche, die sich wohlig und entspannt anfühlen. Beispiel: Du liegst auf dem Boden auf einer Unterlage. Als erstes drängt sich plötzlich ein unangenehmer Schmerz in deine Wahrnehmung. Es kann sein, dass deine Gedanken sofort anspringen „Ach du Sch.....", „das will ich jetzt nicht haben", „schon wieder diese Stelle", „das halte ich so nicht aus" etc. Nimm bitte nur den Schmerz als Schmerz wahr, die Gedanken dazu nur als Gedanken wahr. Wenn sich ein Gefühl dazwischen schleicht z. B. Trauer, Wut, Euphorie oder was auch immer, nimm auch diese nur als eine Emotion wahr. Du machst nur Fotos davon. Mehr nicht! Du bist der Fotoapparat oder der Scanner, nicht der Gutachter, der alles interpretiert. Und dann konzentriere dich nach solchen kleinen Ausflügen sofort wieder auf die körperliche Empfindung:

Einige Beispiele:

Atemrhythmus	schnell, langsam, stockend, gleichmäßig, rund, unrund
Atemtiefe	flach, tief
Atembewegung Atemraum	mehr spürbar im Becken, im mittleren Rumpf, oberen Brustkorb oder anderen Bereichen? Welcher Körperraum hat genügend Luftbewegung und damit innere Ausdehnung, welcher Bereich weniger?
Atemfluss beobachten können – nicht willentlich steuern	Atem beobachten können ohne zu steuern: Einatem kommen lassen, den Ausatem gehen lassen und anschließend warten, bis der neue Einatem von selbst einströmt (nicht willentlich holen)
Körpergewicht	schwer, leicht, bleiern, schwebend
Temperaturgefühl	warm, kalt, frisch
Durchblutung	kribbelnd, pulsierend, stauend, fließend
Lichterleben	hell, dunkel
Farben	verschiedene Farben erlebbar
Seitenvergleich	linke Seite im Vergleich zur rechten Seite mit allen hier aufgeführten Spürparametern
Länge	kürzer, länger
Breite	schmaler, breiter
Spannung	Spannungsgefühl in den unterschiedlichen Körperbereichen
Vorder- und Rückseite	Wie fühlen sich beide Seiten im Vergleich an

Atem-/Bodyscan im Sitzen

• Im Sitzen

Setze dich jetzt auf einen Stuhl oder Hocker mit dem Po an den Stuhlrand, der mindestens untere Knierandhöhe besitzt und dessen Sitzfläche ganz plan oder sogar schräg nach vorne gekippt ist. Die Kniesessel sind nur eingeschränkt zu empfehlen. Nutze, wenn vorhanden, auch gerne ein Keilkissen. Es unterstützt dich in der Aufrichtung und entlastet die Lendenwirbelsäule. Dies erhältst du in jedem Schaumstoffhandel, online oder auch im Orthopädiefachhandel. Deine Oberschenkel hängen frei nach unten. Deine Füße sind fest am Boden. Spüre durch den Körper hindurch von unten nach oben. Wie fühlen sich die Füße auf dem Boden an, wie flächig ist der Kontakt zum Boden. Dann weiter zu den Unterschenkeln, rechts und links. Wie fühlen sich die Knie an, dann die Oberschenkel, weiter zum Po. Spüre deine Sitzhöcker. Anschließend weiter in den unteren Rücken und Bauch, weiter zu dem oberen Rücken und Schultern, weiter rechte Schulter, Oberarm, Ellenbogen, Unterarm, Hand – ebenso auf der linken Seite. Zum Schluss spüre in den Hals und zum Kopf. Wie sitzt du, welche Stellen sind etwas verspannt oder verkrampft, welche Stellen sind entspannt und fühlen sich gut an? Konzentriere dich auf dein Körpergewicht. Wo ist die Verbindung der Schwerkraft zum Boden? Wie viel Gewicht geht durch die Beine in die Füße weiter in den Boden? Wie viel Gewicht drückt von dem Rumpf auf den Po über die Sitzhöcker auf den Stuhlrand? Falls angelehnt – wie viel Gewicht drückt vom Rücken her an die Lehne?

Konzentriere dich jetzt auf die Atmung. Spüre, wie du atmest. Einfach nur wahrnehmen, nichts bewerten, sondern nur annehmen, wie es in diesem Moment gerade ist. Atmest du kurz, flach, hektisch oder ruhig und tief?

Variationen:

- Schneidersitz oder Halblotussitz auf Kissen
- Fersensitz mit einem Meditationshocker

Wie oben beschrieben. Unterschied: Spüre, welche Körperbereiche, hier den tiefsten und stärksten Berührungskontakt zur Erde haben und wie hier die Schwerkräfte wirken.

• Im Liegen

Leg dich mit dem Rücken auf den Boden, möglichst auf Teppich, Yogamatte oder eine andere, aber nicht zu weiche Unterlage. Möglichst ohne Kopfkissen flach auf die Erde legen. Beginne nun kurz in dich hineinzuspüren. Vielleicht merkst du am Anfang nur Schmerz oder unangenehmen Druck in bestimmten Bereichen. Konzentriere dich auf die Rückseite – *an alle die Körperstellen, die den Boden berühren.* Beginne an den Fersen. Spüre weiter, wie die Unterschenkel den Boden berühren, die Oberschenkel, wie stark ist der Druck des Gesäßes auf den Boden, dann weiter zum Rücken. Welche Bereiche des Rückens haben mehr Kontakt, welche weniger. Die Lendenwirbelsäule, dann weiter hoch zur Brustwirbelsäule, zu den Schultern, dann der rechte Oberarm, Unterarm, Hand, Finger und auch genauso den linken Arm, zum Schluss den Hals und den Kopf. Wie liegt der Kopf auf dem Boden, welche Stelle des Kopfes berührt den Boden? Wie schwer ist der Kopf? Stelle dir vor, wie dein Körperabdruck im weichen warmen Sand aussehen würde.

Konzentriere dich jetzt auf die Atmung. Spüre, wie du atmest. Einfach nur wahrnehmen, nichts bewerten, sondern nur annehmen, wie es in diesem Moment gerade ist. Atmest du kurz, flach, hektisch oder ruhig und tief?

Hintergründe:

Der Begriff „Bodyscan" ist ein Element des von Jon Kabat-Zinn entwickelten Achtsamkeitstrainings „MBSR" (body mind stress reduktion), welches in therapeutischen Bereichen, Kliniken, aber auch im Management bekannt ist und gelehrt wird. Kabat-Zinn ist emeritierter Professor an der University of Massachusetts Medical School in Worcester und unterrichtet Achtsamkeitsmeditation. Während seines Berufslebens und seiner klinischen Forschungen hat er sich stark dafür engagiert, die Achtsamkeitspraxis in der westlichen Medizin und Gesellschaft bekannt zu machen und zu etablieren. Kabat-Zinn hat bedeutende Beiträge zu einem modernen Gesundheitswesen – vor allem in den USA – geleistet und sich dabei sowohl in seiner Forschung als auch in der Lehre auf die Zusammenhänge von körperlichen Vorgängen und geistigen Aktivitäten konzentriert. In seinem Grundlagenwerk „Gesund durch Meditation" sind die wichtigsten Erkenntnisse beschrieben. Aus meiner eigenen jahrzehntelangen Arbeit als Atemtherapeut und Atemtrainer habe ich den Bodyscan mit dem Atemscan erweitert. Die Atmung spielt nämlich eine entscheidende Rolle für eine noch tiefere innere Wahrnehmung. Siehe u. a. S. 122.

3. Meditation in Stille

Lass deine Gedanken zur Ruhe kommen. Dies ist die wichtigste und größte Lebenskunst und Botschaft dieses Buches. Wie oft fahren wir uns täglich fest in unseren Gedanken, der Kopf raucht und wir kommen nicht wirklich zur Ruhe. Unsere Gedanken tricksen uns immer wieder aus, weil wir immer die selben neuronalen alten Autobahnen und Muster benutzen. Können wir anders denken, als wir denken? Ja! Aber das erfordert Training. Hier möchte ich nur eine einzige tiefe und wirksame Übung aus der Praxis des Zen-Buddhismus erwähnen: Das Za Zen – das Sitzen in Stille. Es kann sein, dass du durch die Praxis dieser Übung gar keine andere Übung mehr machen und dieses Buch ganz zuklappen möchtest. Herzlichen Glückwunsch!

Wirkungen der Meditation:

- Vertiefung und Stabilisierung der Atmung
- Verbesserung der Konzentration
- Verbesserung der Präsenz
- Verbesserung der mentalen Leistung und Belastbarkeit
- Verbesserung der Körperwahrnehmung und Körperpräsenz
- Optimierung des Atmungs- und Herzkreislaufes
- Verbesserung der emotionalen Intelligenz
- Förderung der Selbstverantwortung und Selbststeuerung
- Aufbau von Selbstvertrauen
- Entwicklung von Resilienz
- Entwicklung von mehr Mitgefühl zu sich selbst und anderen
- Auflösung von langwierigen Dramaturgien
- Erleben und genießen persönlicher All-Eins-Erfahrungen, unabhängig von Religionen und Dogmen
- Aufgehobensein – Teil eines Ganzen zu sein

Sitzen in Stille

Dauer: zunächst nur 5 - 15 Minuten

Hilfsmittel: Meditationskissen oder Meditationshocker. Du kannst diese Übung je nach deinen körperlichen Fähigkeiten und Möglichkeiten oder Einschränkungen im Halblotussitz, Lotussitz, im Fersensitz oder auf einem Stuhl/Hocker machen. Der Raum sollte in deinem Sichtfeld aufgeräumt sein und beruhigend wirken.

Setz dich aufrecht hin. Siehe Seite 36. „Finde zu deiner Größe! Richte dich auf und nicht ab!" Wenn du deinen Platz und Aufrichtung gefunden haben, verbeuge dich kurz als Zeichen der Sammlung und des Starts. Im Zen ist es das Gasho – die Verbeugung vor dem großen Ganzen. Halte deine Augen nur ein wenig offen, so dass die Augenlider sehr entspannt sind. Schau vor dich ca. 1,5 - 2 Meter auf den Boden. Finde auch für die Arme und Hände eine Meditationsposition. Konzentriere dich nun auf deinen Atem. Beobachte für einen Moment deine Atmung, ohne sie zu bewerten. Dann beginnst du, deine Atemzüge mit einem Zählen bis 10 zu begleiten. Atme möglichst immer nur durch die Nase ein und aus. Im Einatem auf 1, im Ausatem auf 2, im nächsten Einatem auf 3, nächster Ausatem auf 4 ..... jeweils bis 10. Wenn du bei 10 angelangt sind, beginne wieder auf 1. Ziel dieser Übung ist, sich ausschließlich auf das Atmen zu konzentrieren und damit die Gedanken zur Ruhe zu bringen. Du wirst in Kürze feststellen, wie du immer wieder abdriftest, wie immer wieder neue Gedanken in dieser Ruhe laut werden und versuchen, sich in die Übung zu drängen und dich abzulenken. Das ist vollkommen normal. Gib nicht auf. Wenn du 5 - 10 Sekunden anfangs ohne andere Gedanken einfach nur atmest, ist das schon eine enorme Leistung! Für viele Übenden ist es zunächst einmal erschreckend zu entdecken, wie viele Gedanken ständig da sind und welches Spektakel sie veranstalten. Sei nett zu diesen. Beobachte diese kurz und dann wechsle wieder zur Atemübung mit Zählen. Damit erforschst du deinen Geist und erhältst eines der wirksamsten Mittel überhaupt, diesen zu zähmen und zu trainieren. Siehe auch S. 32.

Je nach Situation, Stimmung, Zeit und Lust kannst du die Meditationsübung bis zu 20 Minuten ausdehnen – eine Intensiverfahrung und Lernprozess!

Eine interessante und wichtige Variation der Atemübung auf S. 130

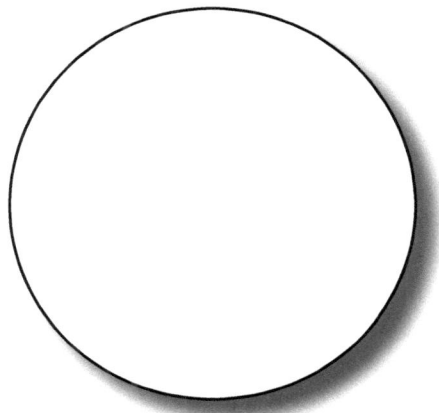

Keines deiner Probleme kann mit deiner
alten Denkweise gelöst werden,
die diese Probleme erschaffen haben

Dieser Satz bezieht sich auf das Zitat von Albert Einstein:
„Kein Problem kann durch das Bewusstsein gelöst werden,
das dieses Problem geschaffen hat." Siehe auch S. 127„BEAP –
der bewusstseinserweiternde Atemprozess"

Hintergründe zur Meditation

Achtsamkeit und Gegenwart

Der Gebrauch des Wortes „Achtsamkeit" hat in den letzten fünfzehn Jahren fast schon inflationäre Dimensionen erreicht. In vielen Bereichen des Stressmanagements, Führungsmanagements, im Training der Softskills, in Therapien, psychosomatischen Klinken sowie in der Prävention ist Achtsamkeitstraining und Achtsamkeitsmeditation als Begriff und Übungsweise bereits bekannt. Sind wir nicht mehr achtsam genug im Leben? Sollen und müssen wir mehr auf etwas achten, achtgeben und uns besser konzentrieren? Warum? Im digitalen Zeitalter der Informations- und Dienstleistungsgesellschaft sind wir durch zunehmende Verdichtung von Arbeit sowie Freizeit einem hohen Informationsbombardement und erhöhten Handlungsdruck ausgesetzt. Das erfordert enorme Koordinations- und Filterleistungen unseres Denkens. Diese Informationsverdichtung stößt dabei an natürliche Grenzen. Werden diese überschritten, steigen die Fehler-, Unfall- und Krankheitsquoten. Wenn unser Denken sich dann ständig zusätzlich mit Einschätzungen, Bewertungen und einhergehenden Emotionen in Vergangenheit oder Zukunft beschäftigt, bleibt wenig Zeit, den Augenblick zu entdecken, zu leben und zu genießen. Viele Ängste sind ein Indiz, dass wir nicht mehr im „Jetzt" leben. Dann ist ein Burnout meist vorprogrammiert. „Die Menschen hetzen in ihren Gedanken immer in die Zukunft, um ja nichts zu verpassen. Dabei entgeht ihnen genau dann das, was wirklich gerade passiert", sagt der Psychiater Michael Huppertz. Eckart Tolle, früher an der University of Cambridge in Forschung und Supervision tätig und heute weltbekannter spiritueller Lehrer kommt in seinem Buch „JETZT – die Kraft der Gegenwart" zu einer simplen Grundaussage: Löse dich vom denkenden Geist und verlagere deine Aufmerksamkeit vom „Verstand zum Sein, von der Zeit in die Gegenwart". Nach Tolles Lehren ist die Zeit der Feind und der Geist das Werkzeug des Feindes. Beide müssen in die Schranken gewiesen werden, müssen unsere psychisch bedingte Anhaftung an Vergangenheit und Zukunft aufgeben und einsehen, dass der Zustand, in dem wir uns mit dem Verstand identifizieren „eine Form der Geisteskrankheit" darstellt. Tolle sagt: „Sei so absolut, so vollkommen gegenwärtig, dass kein Problem, kein Leid, nichts, was du nicht vom Wesen her wirklich bist, in dir überleben kann. Im Jetzt, in der

Abwesenheit von Zeit, lösen sich all deine Probleme auf. Das Leiden benötigt Zeit; im Jetzt kann es nicht überleben." Es gibt Zeiten, in denen wir möglicherweise einen starken Helfer brauchen, um uns von den heftigen Schmerzen der menschlichen mentalen Kondition, zu befreien. Diese Kondition resultiert in nie endenden Kreisen von stark verwurzelten Gedankenbändern und unterdrückten Emotionen – was Tolle einen „Schmerzkörper" nennt. Wenn wir uns in einem unkontrollierbaren mentalen Prozess oder unserem emotionalen Schmerzkörper befinden, sind wir vielleicht nicht mehr dazu in der Lage, zu beobachten, zu hinterfragen oder es zu bereden. Doch es gibt immer kleine Zeitfenster, in denen wir bereit und offen sind Neues auszuprobieren, wie vielleicht jetzt in diesem Augenblick. Durch bestimmte Atemtechniken (S. 122 ff.) können wir unsere Gedanken beruhigen, die aktivierten Emotionen klären und unseren angeborenen Frieden und Freude neu finden.

Meditation – den Geist erforschen

Können wir anders denken als wir denken? Ja, wir können unser Denken positiv beeinflussen, indem wir dem Denken selbst öfters eine wichtige kreative Pause schenken: durch Meditation. Ziel ist, nichts Bestimmtes zu denken. Genau das ist aber anstrengender, energieaufwendiger für das Gehirn als konzentriert oder achtsam zu sein. Wer kennt solche Erfahrungen: Wenn wir wirklich "bei der Sache sind", in etwas aufgehen oder achtsam dem begegnen, was im Augenblick ist, fühlt sich das leicht und zeitlos an. Unser "Standby-Modus" ist aber ein anderer. Wenn nichts zu tun ist, beschäftigen wir uns mit dem, was kommt oder mit dem, was war. Wir sind nur in der Zukunft oder in der Vergangenheit. Wer sich tatsächlich in eine intensivere Stille – für Augenblicke in die Meditation – zurückzieht, kann erleben, sich selbst und all dem ausgeliefert zu sein, was man in seinem gewöhnlichen Leben mit mehr oder weniger großem Erfolg überspielt und verdrängt. Da stellen sich alle möglichen Gedanken, Gefühle, Sorgen, Fantasien, Bilder, Träume, Wünsche, Spinnereien und kreativen Einfälle ein. Eine Menge Emotionen (Scham, Angst, Ärger etc.) können hochkommen. Dies zu bewältigen ist sehr anstrengend. Von außen sieht Meditieren meistens gleich aus – aber von innen "hört" es sich sehr unterschiedlich an. Der Lärm im Kopf ist das Indiz, ob wir wirklich meditieren oder einfach nur rumsitzen.

Bedeutung

Laut Wikipedia leitet sich das Wort aus dem lateinischen Verb meditari ab und heißt nachdenken, überlegen und nachsinnen. Meditation ist Bestandteil vieler Kulturen und aller Religionen. Durch Meditieren beruhigt und sammelt sich der Geist mithilfe spezieller Konzentrationsübungen. In den östlichen Religionen des Buddhismus und Hinduismus ist die Meditation seit Jahrtausenden eine grundlegende Übung zur Bewusstseinserweiterung. Höchste Ziele sind das Erreichen des Nirwana oder die Erleuchtung, in den christlichen sowie jüdischen und islamischen Religionen, das Göttliche persönlich zu erfahren. Unabhängig von religiösen Richtungen ausgedrückt: Sinn und Zweck der Meditation ist es, das Wesen unseres Geistes zu erwecken und uns das zu zeigen, was wir in Wirklichkeit sind: das unveränderliche, reine Gewahrsein, das Leben und Tod letztlich zugrunde liegt.

Die Atmung als Schlüssel zur Gegenwartserfahrung und Meditation

Bewusste Atmung schafft Achtsamkeitskompetenz. Bewusstes Atmen ist das hervorragendste Werkzeug, um Achtsamkeit und Gegenwartserfahrung zu üben. Damit kannst du dich von Hektik, Stress und verworrenen Gedanken- und Gefühlsmustern befreien. Achtsamkeit ist eine innere Haltung. Wenn du die Übungen in der notwendigen Konzentration und Hingabe ausführst, findest du zu einer inneren Wachsamkeit und Präsenz. Deine Gedanken beruhigen und ordnen sich. Die Gegenwart wird spürbar. Du fühlst dich klar und licht.

Die bewusste Atemweise ist ein Weg der Selbstveränderung durch wertfreie Selbstbeobachtung. Der Schwerpunkt liegt auf der engen Wechselbeziehung zwischen Körper und Geist, die durch eine auf die körperlichen Empfindungen gerichtete und trainierte Achtsamkeit direkt erfahren werden kann. Diese Empfindungen bestimmen das Leben des Körpers, beeinflussen einander im ständigen Wechselspiel und konditionieren den Geist. Es ist eine selbsterforschende Reise zu dem gemeinsamen Ursprung von Geist und Körper. Die Naturgesetze, die unser Denken, unsere Gefühle, unsere Urteile und Empfindungen steuern, werden klar. In der direkten Erfahrung versteht man, wie man Fortschritte macht und wann man wieder zurückfällt, wie man Leiden schafft oder sich davon befreit. Diese Reise führt zu einem ausgeglichenen Geist voller Liebe und Mitgefühl. Weitere Informationen zur Atmung siehe Seite 122 ff.

einatmen 2 ausatmen 3 einatmen 4 ausatmen
einatmen 6 ausatmen 7 einatmen 8 ausatmen

Du merkst, dass während der Meditation ein körperlicher Schmerz dich ständig ablenkt.... nimm ihn nur wahr.... sage ihm „ich nehme dich wahr" ..... und dann beginne wieder von vorne mit dem Atmen und Zählen

von vorne begin-
einatmen 2 ausatmen 3 einatmen 4 aus-
men 5 einatmen 6 ausatmen 7 einatmen 8
ausatmen 9 einatmen 10 ausatmen von vor-
e beginnen 1 einatmen 2 ausatmen 3 ein-
men 4 ausatmen 5 einatmen 6 ausatmen 7
natmen 8 ausatmen 9 einatmen 10 ausatmen

Wenn dich ein Geräusch stört, dann höre bewusst das Geräusch und sage „ich nehme dich wahr" und dann beginne wieder von vorne mit dem Atmen und Zählen

einatmen 1 einatmen 2 ausatmen
du von Gedanken abge-
nkt wirst dann stoppe und beginne
ieder mit 1 eina

Du merkst, dass du während der Medi- tation ständig an etwas anderes denkst.... dann nimm diese Gedanken einfach an und sage „ich nehme euch wahr" ..... und dann beginne wieder von vorne mit dem Atmen und Zählen

einat-
en 4 ausatmen 5 ei 7 ein-
men 8 ausatmen 9 einatmen 10 ausatmen von
orne beginnen 1 einatmen 2 ausatmen 3

natmen 4 ausatmen 5 einatmen 6 ausatmen 7

Finde zu deiner Größe! Richte dich auf und nicht ab!

Während der Meditation sitze oder stehe aufrecht! Ohne Anlehnung. Finde innerlich ein „Lot", an dem du dich aufrichtest – am höchsten Punkt des Kopfes ist imaginär ein kleiner Faden, der den Kopf nach oben ausrichtet. Nach unten hin fällt das Lot genau durch die Dammgegend – zwischen Genital und Anus – in die Erde. Es braucht etwas Training und ist sicherlich am Anfang auch für einige Menschen anstrengend.

Nur durch die körperliche Aufrichtung konnte der Mensch seine vielfältigen Fähigkeiten und auch seine Intelligenz entwickeln. Die Aufrichtung bietet die optimale Voraussetzung für die Atmung. Sie hängt zum größten Teil mit dem Rückgrat, dem Grat auf und mit dem wir wandern, zusammen. Wenn du dich im Sitzen oder Stehen gut aufrichtest, bist du „im Lot". Dies ist die optimale Verbindungslinie zwischen Himmel und Erde. Damit hast du die geringste Erdanziehungskraft. Nichts kann dich dann wirklich runterziehen, auch psychisch. Diese Haltung ist ebenso Grundlage vieler Achtsamkeits- und Meditationsweisen. Sie nur durch äußere Muskelkraft zu erzeugen, reicht nicht – sie wirkt aufgesetzt. Eine aufrechte Haltung trägt auf Dauer nur, wenn sie sich auch von innen her entwickelt. Je mehr du deine Atmung kennenlernst und verbesserst, desto mehr wirst du von innen her einen Drang verspüren, diese anfangs teilweise willentliche Aufrichtung nun leichter und länger beizubehalten.

Die Wirkungen der Aufrichtung

- Bestes und größtes Atemvolumen
- Größtes Bewegungs- und Entfaltungspotenzial
- Optimale Stimmentfaltung
- Optimaler Körperschwerpunkt
- Optimale Übersicht durch höheren Standpunkt/weiteres Sichtfeld
- Optimale körperlich-mentale-seelische Kraftschöpfung
- Optimale (Körper) Präsenz
- Bessere mentale Konzentration

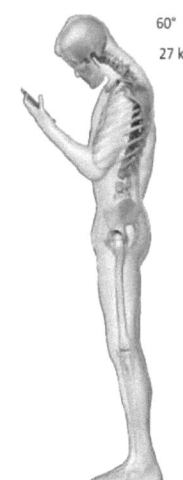

60"

27 kg

Smartphone-Generation

Rückenbelastung

37

Variationen der Gesamtübung

Wenn du mehr Zeit und Lust hast, kannst du die eine oder andere Phase der Übung auch verlängern, insbesondere auch die Meditationsphase z. B. 7 - 10 Minuten statt 5, so, dass du evtl. 15- 25 Minuten für die Gesamtübung brauchst. Wenn du es nicht schaffst, diese am Tage dreimal zu machen, dann führe sie wenigstens zweimal durch. Die Gesamtübungszeit von mindestens 30 Minuten am Tage plus Tagebuch schreiben sollte jedoch nicht unterschritten, besser überschritten werden.

Die Effektivität kannst du enorm steigern, wenn du das genüssliche Rekeln, Dehnen und Gähnen immer wieder zwischendurch machst, am besten nach jeder Stunde 1 -2 Minuten lang. Richte dir doch eine anregende App oder Erinnerung auf dem Smartphone, PC oder Laptop ein. Siehe auch mein neues kleines Buch „Dehn und gähn dich frei!" (Oktober 2018).

Baue evtl. eine dir vertraute Körperübung ein.

Falls du gerne eine Übung machen möchtest, die dir bisher immer gut getan hat und du im täglichen Ablauf nicht missen möchtest, z. B. aus dem Yoga, Tai Chi, Qi Gong oder Gymnastik, dann baue sie mit in den Übungsplan ein.

Probetraining der Gesamtübung

10- 25 Minuten

1. Führe den Atem- Bodyscan durch. Siehe Seite 22 ff.
2. Rekele und dehne dich in alle Richtungen. Siehe S. 18 ff.
   Falls du noch eine andere dir vertraute Körpererfrischungsübung
   machen möchtest, z.B. aus dem Yoga, Tai Chi, Qi Gong oder Gymnastik, dann bau diese Übung ein.
3. Meditiere mindestens 5- 7 Minuten. Siehe Seite 32 ff.
4. Am Ende rekele und dehne dich während des Aufstehens und auch
   im Stehen herzhaft und e in alle Richtungen im Raum
5. Spüre zum Schluss im aufrechten Stand noch einmal kurz dein Gesamtbefinden, ähnlich dem Atem-/Bodyscan: deine Präsenz in
   diesem Augenblick – körperlich, emotional, mental. Am Ende
   klatsche in die Hände und gehe ein paar Schritte durch den Raum.

Vielleicht bist du überrascht, dass du länger als 10 Minuten dafür
brauchst. Das ist am Anfang vollkommen normal.

Trage, wenn möglich, die Ergebnisse/Wirkungen einige Minuten nach
Beendigung der Übung in dein Tagebuch ein.

4. Das Tagebuch schreiben vor dem Schlafengehen

10 Minuten

Der Tag ist vergangen – er ist vorbei. Sammle die wichtigsten Eindrücke und Erlebnisse ein. Schließe ab mit diesem Tag in einem kurzen Rückblick. Wenn du die Übungen im Tagesverlauf nicht direkt nach der Anwendung ausgewertet und eingetragen hast, dann hole es jetzt nach. Versuche dich zu erinnern. Dann trage den Gesamtwert ein. Zusätzliche Fragen sind: Wie ist es dir im Tagesverlauf ergangen – körperlich, emotional, mental? Welche Erlebnisse und Begegnungen sind und waren dir wichtig? Für was möchtest du dich heute bedanken? Am Ende versuche die Essenz des Tages in einem Wort auszudrücken.

Zusätzlich findest du auch Feedbackbögen zum Wochenrückblick, Monatsrückblick, deinen Visionen und Vorhaben sowie Seiten für deine Gesamtauswertung dieses 8-wöchigen Tagebuchtrainings. Die Eintragungen und Auswertungen verschaffen dir einen wichtigen Überblick – sie markieren deinen Entwicklungs- und Erkenntnisweg. So bleibst du dir treu!

Weitere Informationen findest du auf S.52 ff.
„Deine Tagebuchführung und Auswertung –
ein machtvolles Erkenntnisinstrument".

Dankbarkeit ist eine Liebeserklärung an das Leben

Die starken Wirkungen von Dankbarkeit wurden in vielen unterschiedlichen Studien internationaler Forscherteams wissenschaftlich bewiesen. Dankbarkeit wirkt! Deswegen habe ich diese essentielle Frage mit in den Tagesablauf integriert. Selbst wenn du dich in diesem Trainingstagebuch nur mit dieser einen Frage am Ende des Tages beschäftigst und alle anderen Fragen und Übungen auslässt, wirst du an dir schon bald positive Veränderungen erleben.

Wirkungen der Dankbarkeit

- Mehr Optimismus
- Mehr Lebensfreude
- Mehr Vitalität
- Bessere Fitness
- Nehr Kreativität
- Größere Achtsamkeit
- Steigerung des Glücksniveaus um 25%
- Weniger Arztbesuche
- Festigung und Aufbau sozialer Beziehungen
- Weniger körperliche Symptome wie Kopf- oder Bauchschmerzen, Schwindel oder Muskelverspannungen
- Weniger Angst, Neid, Wut
- Reduzierung von posttraumatischen Stress
- Stärkung der Herzgesundheit bei Herzpatienten
- Blutdrucksenkungen bis 25% bei Hochdruckpatienten
- Teilweise Reduzierung und Absetzung von Antidepressiva bei leichten bis mittelschweren Depressionen

Wann warst du das letzte Mal wirklich dankbar und für was? Versuche dich zu erinnern. Und welches Gefühl hattest du in diesem Augenblick – körperlich, mental und emotional? Dankbarkeit ist ein entscheidender Faktor zum

Glück. Dankbarkeit ist eine Liebeserklärung an das Leben. Warum ist uns das so wenig bewusst, dankbar zu sein? Ich glaube, dass ich in meinen früheren Jahrzehnten nicht wirklich dankbar war für das, was ist und war. Ich hatte oft einen Tunnelblick in meiner Aufmerksamkeit auf das Negative, mit einer Defizitbrille. Evolutionär ist das jedoch normal, wenn man Gefahr spürt. „Solange wir unseren Wunschvorstellungen anhaften, was die Welt uns schuldet, sind wir blind gegenüber den Geschenken, die wir bereits erhalten" (Gregg Krech). Die Aufarbeitung vieler Baustellen und traumatischer Erlebnisse sowie ihre Aussöhnung hat sehr viel Zeit in Anspruch genommen. Dankbarkeit war eher ein fremdes Wort für mich. Doch im Rückblick finde ich auch Schlüsselerlebnisse, in denen ich jetzt doch voller Dankbarkeit sein kann. Es tut gut, dies zu trainieren. Ich frage mich nur, wo und wie wurde und wird einer der wirkungsvollsten menschlichen Tugenden – die „Dankbarkeit"– je gelehrt? Im Kindergarten? In der Schule? Im Konfirmandenunterricht? Mit welchen Inhalten und Methoden? Ich meine nicht die Dankbarkeit, die von uns erwartet wird i. S. „sag mal danke!" – so, wie wir es noch aus unserer Kindheit kennen. Auch nicht die als Höflichkeitsfloskel trainierte Benimmregel. Und nicht die Dankbarkeit, die durch Religionsvorschriften von oben herab gepredigt wird. Ich meine, Dankbarkeit wirklich persönlich tief zu „erfahren", zu trainieren und zu erforschen.

Nur noch durch die rosarote Brille sehen?

Wenn Dankbarkeit geübt wird, geht es nicht darum, alles nur noch durch die rosarote Glücksbrille positiv zu sehen, jedoch dem Blick auf Krisen und Gefahren ein Stück die Schärfe zu nehmen – eine ganzheitliche Wahrnehmung zu erlangen, in der beides Platz hat. Leider wird in unserer satten Wohlstandsgesellschaft mit viel Angst- und Panikmache sehr viel Geld verdient, immer mehr Menschen für Konsum und politische Machtinteressen verführt und missbraucht. Mit Angsterzeugung erreicht man evolutionär die tieferen Aufmerksamkeitszentren. Es braucht eine hohe Kompetenz von Achtsamkeit sowie Hintergrundinformation, um aus diesem Theater auszusteigen – wirklich nur als Zuschauer der Zeuge und Beobachter zu bleiben.

Wofür kannst du dankbar sein?

Es gibt so viel, für das du danken kannst. Finde es heraus. Am besten mit der Frage vor dem Schlafengehen, für was du dich an diesem Tag bedanken möchtest. Du kommst von selbst drauf. Wenn nicht, gib nicht auf! Es gab und gibt auch für mich viele Tage, an denen ich nicht danken konnte und kann. Der körperliche oder seelische Schmerz ist zu groß und überlagert alles. Die Erkenntnis, dass gerade der Schmerz auch eine dankbare Botschaft ist, ist in diesem Stadium nur sehr schwer möglich. Dann schaue ich auf das weiße unbeschriebene Feld und nehme es erst einmal so, wie es ist. Auch das hat eine Wirkung! Du wirst spüren, Danken ist fast wie ein Gebet. Danken bringt dich in eine andere Sphäre von Bewusstsein und fördert die Entwicklung deiner Spiritualität. Dazu brauchst du keine Religionen und Kirchen. Alles ist in dir vorhanden.

Hintergrundinformation

Als Hintergrundinformation zu diesem Thema empfehle ich das Buch „Die Kraft der Dankbarkeit" von Gregg Krech sowie die Schriften, Vorträge, Filme von Bruder David Steindl-Rast und die Recherche vieler neuer wissenschaftlicher Studien über die Wirkungen der Dankbarkeit.

DEINE

VISIONEN

ZIELE

VORHABEN

Du kannst dich mit diesen Fragen jetzt oder auch zu einem späteren Zeitpunkt beschäftigen. Diese Fragen helfen dir dabei, einen Überblick über dein Leben zu gewinnen, Veränderungsprozesse zu entdecken, Visionen zu schärfen und Essenzen zu erkennen.

Welche Vision vom Leben und der Zukunft hattest du mit 20 Jahren?

Welche Vision vom Leben und der Zukunft hattest du mit 30 Jahren?

Welche Vision vom Leben und der Zukunft hattest du mit 40 Jahren?

Welche Vision vom Leben und der Zukunft hattest du mit 50 Jahren?

Welche Vision vom Leben und der Zukunft hattest du mit 60 Jahren?

Welche Vision vom Leben und der Zukunft hast du jetzt?

Was fällt dir auf, wenn du diese Visionen/Ziele von früher bis heute betrachtest?

Welche bewusst gesteckten Ziele/Vorhaben hast du bisher in deinem Leben verwirklicht?

Welche bewusst gesteckten Ziele/Vorhaben hast du bisher <u>nicht</u> in deinem Leben erreicht?

Bist du mit dem Nichterreichen ausgesöhnt und in Frieden oder ärgert es dich immer noch?

Welche der unerreichten Ziele sind davon noch wichtig?

Welche Ziele hast du noch? Was möchtest du noch verwirklichen?

In welcher Phase des Lebens warst du absolut präsent im Hier und Jetzt und weniger in ständigen Vorstellungen, Konzepten und Wünschen? Und wie hast du dich dabei gefühlt?

Welche Erlebnisse / Ereignisse / Erfahrungen, die du nicht auf dem Lebensplan hattest, haben dich total überrascht?

Welche Erkenntnis hast du daraus gewonnen?

Die Hauptfrage: Warum?

Warum machst du das, was du machst?

Warum hast du diese Ziele, diese Vision?

Was ist die Kernbotschaft, der tiefere Sinn hinter allem, wofür du machst und wofür du richtig brennst?

„Was immer du tun kannst oder träumst, es zu können, fang damit an.
Mut hat Genie, Kraft und Zauber inne." (Goethe)

Deine Tagebuchführung und Auswertung ein machtvolles Erkenntnisinstrument

Mit den folgenden Tagebuchseiten erhältst du durch deine Eintragungen gleichzeitig ein sehr wichtiges Instrument zur Auswertung und Kontrolle. Eine Musteranweisung findest du auf den folgenden Seiten. Zunächst kannst du damit dein Gesamtbefinden auswerten. Es gibt neben der Tagesauswertung auch eine Wochenauswertung, Monatsauswertung und eine Abschlussauswertung. Damit gewinnst du schon einen guten Überblick.

Die vielseitigen Möglichkeiten der Auswertungen

Du kannst neben den vorgegeben Tagebuchseiten und Fragen ebenso dein

• körperliches Befinden
• emotionales Befinden
• mentales Befinden
• Schlafverhalten / Schlafbefinden

über 8 Wochen in Form von Diagrammen auswerten. Der Vorteil: Das ermöglicht dir Zusammenhänge zwischen körperlichen, emotionalen und mentalem Befinden sowie Rhythmen, Kreisläufe, Ereignisse, stabilen Phasen zu erkennen. Dieser Überblick führt zu einem klareren Blick auf das Geschehen. Denn oft sind wir so verstrickt und in Gedanken verhaftet, in unserem Hamsterrad umherdrehend, dass wir Situationen und Ereignisse überbewerten oder nicht richtig einschätzen, den Blick auf das Reale verlieren. **Diese Evaluation fordert dich in eine neutrale Betrachtung. Als guter Beobachter, Forscher und Zeuge wird deine Wahrnehmung geschärft – du löst dich aus Verstrickungen. Du wirst zum eigenen Supervisor.** Selbsterkenntnis hat mit Forschung an dir selbst zu tun. Ohne Zweifel ist das eine Arbeit. Aber das hat nichts mit Egoismus und Selbstbespiegelung zu tun. Nur wenige Menschen sind bereit, an sich selbst wirklich zu arbeiten und sich damit weiterzuentwickeln. Am Eingang des Tempels von Delphi steht:

„Erkenne dich selbst, so erkennst du Gott"

Falls du die Auswertung lieber digital machen möchtest, kannst du dir auch entsprechende Exeldateien selbst basteln. In jedem Fall hast du ein machtvolles Werkzeug, deine Entwicklung genau zu verfolgen, wichtige Erkenntnisse zu gewinnen und dein Verhalten positiv zu beeinflussen.

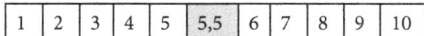

| 1 | 2 | 3 | 4 | 5 | 5,5 | 6 | 7 | 8 | 9 | 10 |

Die Skalen 1 - 10 stehen für 1 = absolut schlecht bis 10 = optimal, besser geht es nicht. Die „5,5" bildet zur Orientierung genau die Mitte (es gibt keinen Wert unter 1 und über 10). Die Übungsauswertung beinhaltet:

Körperliches Befinden

Sensorisches Erspüren des Gesamtbefindens – Knochen, Muskeln, Kreislauf, Organe, Rücken, Kondition, Haut, Atmung, Schmerzen etc.

Emotionales Befinden

Das können Gefühle sein wie Lust, Trauer, Wut, Resignation, Ohnmacht, Freude, Gelassenheit, Zufriedenheit, Dankbarkeit, etc. Wie weit du z. B. Wut in einer jeweiligen Situation wirklich als „schlecht" oder auch als kraftvolle wichtige Energie bewertest, musst du selbst entscheiden.

Mentales Befinden

Was denkst du, wie leicht oder wie schwer sind die Gedanken, bist du im „Hier und Jetzt" vollkommen präsent und wach, grübelst du oder „fließen" deine Gedanken „frei"? Versuche deine Einschätzung eher am „Fluss der Gedanken" und der Offenheit der Gedanken zu bewerten.

Morgens rückblickend auf den Schlaf

kannst du ebenso dein Schlafbefinden der Nacht bewerten. Als Option kannst du es in den Gesamtwert einfließen lassen und/oder auch getrennt auswerten.

Welche Werte möchtest du erreichen?

Ziele sind gut, aber bleib auf dem Teppich. Die 10 zu erreichen ist selten, sie über einen längeren Zeitraum zu halten sehr unwahrscheinlich. Es wäre ja fast ein manischer Zustand oder? Oft neigen wir in unserem absolut auf Leistung getrimmten Wirtschafts- und Gesellschaftssystem dazu, ständig

Höchstleistungen zu erzielen, immer noch mehr rauszuholen und Werte zu toppen. Die persönlichen Abstürze sind um so tiefer. Perfektionismus ist gefährlich. Stabilität zwischen den Werten 5 -8 oder 6 - 8 zu gewinnen wäre optimal. Der Ausgangspunkt – dein Befinden zu Beginn des Tagebuchtrainings ist ebenso interessant. Startest du in einer schweren Krise oder geht es dir bereits schon sehr gut?

Raum für weitere Notizen

Dieser Platz ist für zusätzliche Informationen: zum Befinden, besondere Erlebnisse, Ereignisse oder auch Infos die wichtig sind, z. B. Medikamenteinahme oder ähnliches.

Achtung! Grenzwerte!

Solltest du in einem Zeitraum von zwei Wochen und länger

- eine kontinuierliche Abwärtsentwicklung der Werte erleben, Durchschnittswerte von nur noch 3 und weniger erzielen oder wenn

- die Tageswerte in diesem Zeitraum extreme Schwankungen von 4 und mehr Werten aufweisen

ist ärztlicher und psychotherapeutischer Rat unbedingt einzuholen. Bitte unterbreche dann die Übungen und lege dieses Buch erst einmal beiseite. Siehe auch *Eigenverantwortung im Vertrag mit dir S. 67.*

Übungen und/oder Tagebuchschreiben vergessen?

Wahrscheinlich wirst du auch Tage oder Zeiten erleben, in denen du gar keine Lust auf die Übungen und das Tagebuchschreiben hast oder es sogar mehrmals vergisst. Das ist normal. Aber es wäre genau dann sinnvoll, zumindest dies nachzuholen, kurz in dem Kasten auf der rechten Seite unter „Essenz des Tages" etwas reinzuschreiben, z. B. „keine Lust", „Zweifel an Übungen" oder Ereignis, das dich abgelenkt hat.

Wenn du die Übungen am Tage nur einmal oder zweimal statt dreimal gemacht hast, dann teile den Tagesdurchschnittswert nur durch die Anzahl der Übungen. Falls du die Übungen z. B. morgens und mittags nicht gemacht hast, dann übe in der nächsten Sequenz zeitlich länger. Es ist aber auch möglich manchmal auch die Zeiten zu variieren z. B. habe ich die Übung am Morgen nicht gemacht – dafür mache ich mittags, nachmittags und abends. Trage diese bei der „Uhrzeit" ein.

Wochenrückblick

Den ersten Auswertungsbogen findest du auf S. 82. Hast du einen oder gar zwei Tage nicht geübt und auch keine Eintragungen gemacht, dann trage im Wochendiagramm an diesem Tag ein kleines Quadrat mit einem Fragezeichen ein. Die Kurve ist dann unterbrochen.

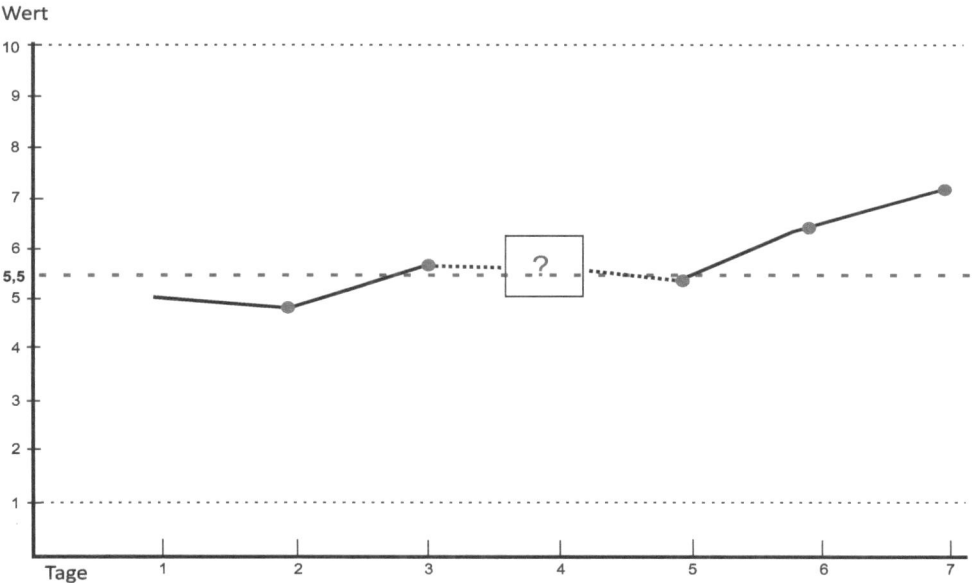

Erste Monatsauswertung

Zwischenbilanz nach vier Wochen. Mit der Beantwortung der Fragen und Eintragungen in die Tabelle findest du jetzt einen ersten Überblick über deinen Zustand und deine Entwicklung. Weiter so! Die kommenden Wochen Tagebuchtraining und Übungen sind umso wichtiger, weil erst dann all diese Dinge sich neuronal etwas verfestigen und zur Gewohnheit werden können.

Gesamtauswertung

Acht Wochen sind vorbei. Glückwunsch! Auch hier findest du ähnlich der Monatsbilanz Möglichkeiten der Auswertung und weiterer Fragen. Jetzt kannst du entscheiden, das Tagebuchtraining fortzuführen – kopiere dir dazu einfach die Auswertungsseiten – oder erst einmal zu pausieren.

AUFHÖREN ODER WEITERMACHEN?

Kritisch wird es, wenn du über drei Wochen hinweg pro Woche mehr als zwei Tage die Übungen und Eintragungen versäumst. Dann solltest du in dich gehen und dich fragen, ob das Training zu diesem Zeitpunkt das richtige für dich ist.

Schaue auch, ob du das Programm oder Buch anders nutzen kannst. Siehe folgendes Kapitel auf der rechten Seite „Wie du das Buch auch noch anders verwenden kannst".

Zu viel Stress?

Wenn du gerade unter starkem Stress stehst und dich kaum auf die Übung konzentrieren kannst, dann probiere bitte folgende Übung vor der Meditation und dem Tagebuchschreiben aus:

1. Anspannungsübung

Im Sitzen: Spanne alle Muskeln für mindestens 30 - 60 Sekunden fest an. Drücke die Füsse in den Boden, spanne Po - und Bauchmuskeln total an, dann presse die Oberarme an den Oberkörper und spanne die Hände zu Fäusten und die Arme an, zieh den Nacken noch ein. Spüre die Kraft und die Anspannung in allen Körperbereichen. Spüre, wie du die Atmung anhältst und kaum atmest. Halte die Spannung, bis es richtig schmerzt. Dann lasse langsam los – Muskel für Muskel. Spüre tief in die Entspannung hinein. Steh auf. Dehne dich jetzt genüsslich langsam in alle Richtung aus – mit den Armen, Beinen, Rücken, Hals, Kopf und erlebe, wie du jetzt absolut tief ein- und ausatmest und die Anspannung verschwindet.

2. Stress abschütteln

Stelle dich auf deine Füße. Fang an, leicht von den Fußgelenken aus zu wippen und zu federn. Lass die Bewegung weich durch die Fuß-, Knie-, Hüftgelenke, über die Wirbelsäule bis zum Kopf durchschwingen. Deine Arme und Schultern hängen schlaksig herunter, entspanne den Mund und Kiefer. Schüttele mit der Ausatmung alle Verspannungen ab. Du kannst auch stärker schütteln und das Federn zu leichtem Springen ausweiten. Zum Schluss springe mit dem Ausatmen mehrmals kräftig in den Stand mit dem lauten Satz: „Hier bin ich". Spüre anschließend in Ruhe im Stehen, wie du jetzt mehr und mehr Boden unter den Füssen gewinnst – zu dir selbst kommst.

WIE DU DAS BUCH AUCH NOCH ANDERS VERWENDEN KANNST

Wenn dir das vorgegebene Programm nicht zusagt und du zunehmend Schwierigkeiten bei der Umsetzung hast, dann gibt es verschiedene Möglichkeiten, das Buch anders zu nutzen.

1. Du lässt alle Übungen auf der linken Seite weg und schreibst nur auf der rechten Seite das Tagebuch zu den gegebenen Fragen inkl. Auswertungen.

2. Du hast bereits eigene gute Übungen, die dir vertraut sind und die du mehr magst z. B. Yoga, Meditation, Tai Chi, Qi Gong oder ähnliche. Dann nutze diese Übungen regelmäßig und werte sie aus. Schreibe ebenso das Tagebuch.

3. Du machst nur die Übungen und lässt das Tagebuchschreiben weg.

4. Du variierst die Übungszeiten. Vielleicht möchtest du nur einmal oder zweimal am Tage die Übungen machen, dafür aber länger als 10 Minuten. Dann mache es so.

5. Du befindest dich in einer tiefen Krise und in Therapie? Du kannst aber die Übungen irgendwie nicht machen? Dann nutze die Bewertung und Auswertung deines Befindens auf der linken Seite. Es ist sehr wichtig, dass du einen Überblick in der Unterscheidung von körperlichen, emotionalen und mentalen Tagesbefinden gewinnst. Schreibe auch Gedanken dazu in den Zusatzkasten „Weitere Notizen“. Mache ebenso die Wochen- und Monatsauswertungen. Das ist absolut wichtig. Damit gewinnst du mehr Klarheit, wahrscheinlich auch über die Rhythmen und Zusammenhänge. Falls du dich in ärztlicher oder psychotherapeutischer Behandlung befindest, besprich dies dort. Diese Informationen können ebenso für deine/n TherapeutIn oder ArztIn sehr nützlich sein.

Hintergrundinformation, warum die Unterscheidung von körperlichen, emotionalen und gedanklichen Befinden in der Auswertung so wichtig ist.

Wer bist du?

Bist du dein Körper?

Schau dir deine Haare an. BIST du die Haare oder macht dein Wesen mehr aus als deine Haare? Dann schau dir den linken kleinen Finger an? BIST du der kleine Finger oder bist du mehr als dieser Finger? Du wirst sagen, der Finger ist ein Teil meines Körpers. Jetzt betrachte und spüre deinen ganzen Körper. BIST du dieser Körper? Macht der Körper dein gesamtes Wesen aus? Oder BIST du doch mehr als dein Körper? Wer betrachtet denn deinen Körper in diesem Augenblick? Kann der Körper sich selbst beobachten? Das geht nicht. Gibt es da noch eine andere Instanz – einen Beobachter von außen? Du bist also nicht der Körper, sondern der Beobachter und du hast diesen Körper. Der ganze Körper ist also ein Teil von dir. Es stimmt zwar, dass es sich so anfühlt, als ob du dein Körper wärest, aber wenn du genau hinschaust, stimmt es nicht. Dein ganzer Körper ist eben ein Teil von dir. Wenn du jetzt dein SEIN ausschließlich auf deinen Körper reduzierst, was passiert dann?

Du hast einen Körper, aber DU BIST NICHT DEIN KÖRPER.

Bist du deine Gefühle?

Erinnere dich an dein letztes starkes Gefühl z. B. Wut, Angst, Erregung, totale Freude, Schmerz u.a. Wähle ein Gefühl aus. Es ist ja auch in deinem Körper verankert. BIST du das Gefühl? Wähle mehr Gefühle aus. BIST du im Wesen diese Gefühle? Oder BIST du mehr als diese Gefühle? Du wirst schließlich sagen, „ich habe Gefühle". Du hast also Gefühle. Sie kommen und gehen. Mal so, mal so. Gefühle sind so ungeheuer stark! Welchen Gefühlen jagst du nach? Welche Gefühle möchtest du am liebsten dauernd haben? Gefühle überlagern alles Denken und sensitive Erspüren. Sie sind vehement. Und du glaubst, das ist das Wahre? Was passiert, wenn du dein SEIN ausschließlich auf deine Gefühle reduzierst?

Du hast Gefühle, aber DU BIST NICHT DEINE GEFÜHLE.

Bist du deine Gedanken?

Jetzt das selbe Spielchen von vorne. Was für einen Kopf machst du dir heute und in deinem Leben? Was spinnst du dir täglich zurecht? Wo fährst du dich in Gedanken fest? Was glaubst du alles? Und was für ein Panikorchester lässt du in Gedanken zu? Unser Gehirn verbraucht die größte Energie. Es will ständig ununterbrochen denken, vergleichen, bewerten – wie eine Affen- und Rasselbande, die gerne außer Rand und Band ist. Es will unterhalten und pausenlos gefüttert werden. Gedanken kommen und gehen, und sie haben dir schon so viel Mist erzählt. Wer seine Gedanken, seine Affen im Kopf im Zaum halten kann, hat schon ein großes Maß an Selbstkompetenz entwickelt. „Ich denke, also bin ich". Dieser berühmte Satz des Philosophen Descartes im Aufklärungszeitalter des 17. Jahrhunderts am Ende das Mittelalter muss in seiner Zeit gesehen und verstanden werden. Das selbständige Denken und damit Überprüfen von alten Glaubenssätzen und Überlieferungen war zu dieser Zeit der Verknechtung, in der nur die Kirche als oberste Instanz von Wahrheit galt, ketzerisch und revolutionär. Sein berühmter Satz hat aber mit unserer Zeit weniger zu tun. Die Freiheiten unseres heutigen Informationszeitalters haben das Denken nahezu entfesselt. Wir werden täglich mit Tausenden Informationen bombardiert, die wir aber gar nicht mehr real erfahren und wirklich überprüfen können und wollen. Doch wenn wir glauben, was wir gar nicht mehr faktisch erfahren, wird es gefährlich. Fallen wir dann nicht zurück ins Mittelalter? All die Informationen bleiben aber unbewusst irgendwo hängen, wollen eingeordnet werden. Das ständige Denken wird heute oft zur Geisel. Denn die Gedanken bewerten dauernd – und je stärker die Bewertung, desto intensiver entsteht das Gefühl dazu. Was passiert, wenn du dein SEIN ausschließlich auf deine Gedanken reduzierst? In der Meditation kannst du dieses ganze Affentheater im Kopf beobachten, die Affenbande langsam zähmen und zu tiefen Erkenntnissen finden (S. 28 ff.),

Du hast Gedanken, aber DU BIST NICHT DEINE GEDANKEN.

FAZIT:

In jedem Fall bist du sehr viel mehr als deine Gedanken, deine Gefühle und dein Körper. Behalte dies bitte stets im Blick und in Erinnerung in allen kommenden Tagen und Wochen deiner täglichen Reflexion mit diesem Trainingstagebuch.

Meine Nacht / mein Schlaf

1	2	3	4	5	5,5	6	7	8	9	10

Zählwerte von 1- 10, die genaue Mitte ist 5,5

_____

Notizen

Ich habe den Atem-/Bodyscan mit Dehnungen und die Meditation heute gemacht:

Morgens
Uhrzeit ....   Dauer...........

Wirkungen

körperlich

1	2	3	4	5	5,5	6	7	8	9	10

....

emotional

1	2	3	4	5	5,5	6	7	8	9	10

....

mental

1	2	3	4	5	5,5	6	7	8	9	10

....

Weitere Notizen

Durchschnittswert: ....

Mittags
Uhrzeit ....   Dauer...........

Wirkungen

körperlich

1	2	3	4	5	5,5	6	7	8	9	10

....

emotional

1	2	3	4	5	5,5	6	7	8	9	10

....

mental

1	2	3	4	5	5,5	6	7	8	9	10

....

Weitere Notizen

Durchschnittswert: ....

Abends
Uhrzeit ....   Dauer...........

Wirkungen

körperlich

1	2	3	4	5	5,5	6	7	8	9	10

....

emotional

1	2	3	4	5	5,5	6	7	8	9	10

....

mental

1	2	3	4	5	5,5	6	7	8	9	10

....

Weitere Notizen

Durchschnittswert: ....

Alle Übungsdurchschnittswerte addieren   ....

inkl. Schlafwert _____

geteilt durch 4

Tagesdurchschnittswert *geteilt durch 3*
oder durch Anzahl von Übungen, falls weniger als 3

Tagesdurchschnitt körperlich [ ]   **emotional** [ ]   **mental** [ ]

Befinden im Verlaufe des Tages:

Folgende Erlebnisse/Begegnungen waren mir heute wichtig:

Überraschung! Etwas mit dem ich nicht gerechnet habe:

Ich möchte mich heute/jetzt bedanken für:

Was habe ich heute gut gemacht?

Gibt es noch etwas, was mich gedanklich festhält oder ein Problem?
Kann und muss ich das heute Abend oder heute Nacht noch lösen? Oder darf ich es erst einmal loslassen ,um neue Kräfte durch guten Schlaf zu sammeln?

Was kann ich heute aus den Erfahrungen lernen?

Das Thema / die Essenz dieses Tages:
Möglichst nur in einem Wort oder kurzem Satz

Gesamtzeit einschl. Tagebuchführung in Minuten

Keine Meinung. Die Übungen habe ich heute nicht gemacht.

Tage 1 - 7

Ich habe den Atem-/Bodyscan mit Dehnungen und der Meditation heute gemacht

Meine Nacht / mein Schlaf

1	2	3	4	5	5,5	6	7	8	9	10

Zählwerte von 1- 10, die genaue Mitte ist 5,5

Raum für weitere Notizen

Morgens

Uhrzeit ....   Dauer...........

Bitte erst 5 Minuten nach Beendigung die Wirkungen eintragen

(Wirkungen)

körperlich	1	2	3	4	5	6	7	8	9	10
emotional	1	2	3	4	5	6	7	8	9	10
mental	1	2	3	4	5	6	7	8	9	10

war überrascht.. wie viele Gedanken ich bei Meditation hatte – konnte es so annehmen und trotzdem die Übung ruhig weitermachen.

Durchschnittswert: .6,7................

5 + 7 + 8 = 20 : 3 = 6,66 = 6,7

Beispiele für weitere Notize

Mittags

Uhrzeit ....   Dau...

Wirkungen

körperli...

Raum für weitere Notizen

		10

7	8	9	10

....

M u s t e r

Abends

Uhrzeit ....   Dauer..........

Wirkungen

körperlich	1	2	3	4	5	6	7
emotional	1	2	3	4	5	6	7
mental	1	2	3	4	5	6	7	8	9	10

falls du die Übung z.B. nur einmal oder zweimal gemacht hast, statt 3 mal, dann <u>Tagesdurchschnitts- wert nur durch die Anzahl der Übungen eintragen</u>, z.B. morgens „6,7" und abends „6" (mittags verges- sen), dann 7 + 6 geteilt durch 2 = 6,5

Durchschnittswert: ....

Alle Übungsdurchschnittswerte addieren ....   inkl. Schlafwert ....

geteilt durch 3 Tagesdurchschnittswert   geteilt durch 4

falls Interesse zur Option

Tagesdurchschnitt körperlich   emotional   mental

Befinden im Verlaufe des Tages

Folgende Erlebnisse/Begegnungen waren mir heute wichtig

> *Zahnarzt heute morgen*
> *Telefongespräch Paul*
> *Alleine Spaziergang Bürgerpark*

Überraschung! Etwas mit dem ich nicht gerechnet habe:

Ich möchte mich heute/jetzt bedanken für

> *Die Hilfe von meinem Zahnarzt heute morgen*
> *Der Rat von Paul*
> *Spaziergang: Die Vögel im Park und das Naturerblühen*

Beispiele

Was habe ich heute gut gemacht?

> *Rechtzeitig zum Z...*
> *Langsames Gehen*
> *Tiefenentspannung*

Gibt es noch etwas, was mich geda...   ...hält oder ein Problem?
Kann und muss ich das heute Abend oder heu...   ...cht noch lösen? Oder darf ich es erst einmal loslassen , um neue Kräfte durch guten Schlaf zu sammeln?

Das Thema / die Essenz dieses Tages:
Möglichst nur in einem Wort oder kurzem Satz

> *Den „Augenblick" wieder entdecken und genießen*

Gesamtzeit einschl. Tagebuchführung in Minuten

Keine Meinung. Die Übungen habe ich heute nicht gemacht

Vom Kopf zurück in die Gegenwart

Jetzt hast du sehr viele Informationen vorab gelesen. Vielleicht gibt es noch Wünsche, Vorstellungen, Konzepte im Kopf? Du kannst sie aufschreiben und dann aber auch gleich wieder wegwerfen. Denn jetzt fängst du an zu gehen. Wir sprechen nicht mehr darüber. Du gehst einfach. Im Gehen, im Tun begegnen dir Dinge, die du vielleicht kennst, aber auch viele Überraschungen, die du nicht auf dem Plan hast. Du trittst ab jetzt zeitweise aus deinem Hamsterrad und machst erste Gehversuche außerhalb dieses Routinerades. Vorsichtig, Schritt für Schritt. Es ist fremdes analoges Land, dass du nicht mit einer digitalen Armfessel vermessen kannst. Du weißt nicht, was dir an der nächsten Ecke begegnen wird. Es ist ein Abenteuer. Die ersten beiden Wochen werden vielleicht fremd sein, doch mit der Zeit kerben sich diese neuen Erfahrungen neuronal in dein Bewusstsein ein. Du bahnst dir neben deinen alten Wegen einen neuen Weg. Du kannst jederzeit auf deinen alten Weg zurück. Am Ende wirst du entdecken, dass es immer wieder zu einem großen Anteil deine Entscheidung ist, welchen Weg und welche Entwicklung du in deinem Leben nehmen möchtest. Du hast die Möglichkeit der Wahl. Dies macht dich freier und bewusster als bisher. Los geht's!

TEIL 2

Vertrag zur Durchführung des Trainings und der Tagebuchführung

Bestandsaufnahme verfügbarer Zeit für das Training

Ich verfüge täglich über 24 Stunden = 1.440 Minuten

Genaue Zeit in Minuten:
Tägliche Schlafenszeit   _____
tägliche Arbeitszeit inklusive Fahrtzeiten   _____
Haushalt privat   _____

Kinderbetreuung/Familie etc.   _____
Sonstiges   _____

Differenz = Freizeit = verbleibende Zeit

Die Trainingszeit benötigt für die Übungen 3 x 10 bis 15 Minuten
und abends Tagebuch schreiben 1 x 5 bis 10 Minuten
Dafür investiere ich von meiner

Freizeit   _____
Schlafenszeit, falls mehr als 7,5 Std. z. B. früher aufstehen   _____
Arbeitszeit   _____
Sonstiges   _____

insgesamt   **45 - 55 Minuten**

**Mir bleibt damit immer noch eine
tägliche Freizeit von Minuten / Stunden**

Ich _____

Dein Name

erkläre mich hiermit bereit, 8 Wochen lang täglich insgesamt 40 Minuten für meine persönliche Weiterentwicklung in Form dieses Trainings zu investieren.

Ich werde das Training heute am _____

beginnen und mindestens 8 Wochen lang bis _____
täglich durchführen.

Ich ziehe am Ende des Trainings eine Bilanz und werte das Training aus.

Zusätzlich hole ich auch die Rückmeldung von meinen Freunden/Bekannten
1)...
2)...
ein, ob sie eine Veränderung in meinem Verhalten erkennen oder nicht.

Ich führe das Training in Eigenverantung durch.

---------------------------------   ---

Ort Datum   *Unterschrift*

Zusätzliche Option

Zeuge / Zeugin

Ich war *(Name des Zeugen)*...
anwesend und habe gesehen, wie *(Name des Vertragsschließenden)* ....
diesen Vertrag mit sich geschlossen hat.

Meine Nacht / mein Schlaf

1	2	3	4	5	5,5	6	7	8	9	10

Zählwerte von 1- 10, die genaue Mitte ist 5,5

Notizen

Ich habe den Atem-/Bodyscan mit Dehnungen und die Meditation heute gemacht:

Morgens
Uhrzeit .... Dauer...........
Wirkungen

Weitere Notizen

körperlich

1	2	3	4	5	5,5	6	7	8	9	10

....

emotional

1	2	3	4	5	5,5	6	7	8	9	10

....

mental

1	2	3	4	5	5,5	6	7	8	9	10

....

Durchschnittswert: ....

Mittags
Uhrzeit .... Dauer...........
Wirkungen

Weitere Notizen

körperlich

1	2	3	4	5	5,5	6	7	8	9	10

....

emotional

1	2	3	4	5	5,5	6	7	8	9	10

....

mental

1	2	3	4	5	5,5	6	7	8	9	10

....

Durchschnittswert: ....

Abends
Uhrzeit .... Dauer...........
Wirkungen

Weitere Notizen

körperlich

1	2	3	4	5	5,5	6	7	8	9	10

....

emotional

1	2	3	4	5	5,5	6	7	8	9	10

....

mental

1	2	3	4	5	5,5	6	7	8	9	10

....

Durchschnittswert: ....

Alle Übungsdurchschnittswerte addieren ....

inkl. Schlafwert _____

geteilt durch 4

Tagesdurchschnittswert *geteilt durch 3*
oder durch Anzahl von Übungen, falls weniger als 3

Tagesdurchschnitt körperlich [ ] **emotional** [ ] **mental** [ ]

Befinden im Verlaufe des Tages:

Folgende Erlebnisse/Begegnungen waren mir heute wichtig:

Überraschung! Etwas mit dem ich nicht gerechnet habe:

Ich möchte mich heute/jetzt bedanken für:

Was habe ich heute gut gemacht?

Gibt es noch etwas, was mich gedanklich festhält oder ein Problem?

Kann und muss ich das heute Abend oder heute Nacht noch lösen? Oder darf ich es erst einmal loslassen ,um neue Kräfte durch guten Schlaf zu sammeln?

Was kann ich heute aus den Erfahrungen lernen?

Das Thema / die Essenz dieses Tages:

Möglichst nur in einem Wort oder kurzem Satz

Gesamtzeit einschl. Tagebuchführung in Minuten

Keine Meinung. Die Übungen habe ich heute nicht gemacht.

Meine Nacht / mein Schlaf

1	2	3	4	5	5,5	6	7	8	9	10

Zählwerte von 1- 10, die genaue Mitte ist 5,5

Notizen

Ich habe den Atem-/Bodyscan mit Dehnungen und die Meditation heute gemacht:

Morgens
Uhrzeit ....   Dauer...........
Wirkungen

körperlich

| 1 | 2 | 3 | 4 | 5 | 5,5 | 6 | 7 | 8 | 9 | 10 | ....

emotional

| 1 | 2 | 3 | 4 | 5 | 5,5 | 6 | 7 | 8 | 9 | 10 | ....

mental

| 1 | 2 | 3 | 4 | 5 | 5,5 | 6 | 7 | 8 | 9 | 10 | ....

Weitere Notizen

Durchschnittswert: ....

Mittags
Uhrzeit ....   Dauer...........
Wirkungen

körperlich

| 1 | 2 | 3 | 4 | 5 | 5,5 | 6 | 7 | 8 | 9 | 10 | ....

emotional

| 1 | 2 | 3 | 4 | 5 | 5,5 | 6 | 7 | 8 | 9 | 10 | ....

mental

| 1 | 2 | 3 | 4 | 5 | 5,5 | 6 | 7 | 8 | 9 | 10 | ....

Weitere Notizen

Durchschnittswert: ....

Abends
Uhrzeit ....   Dauer...........
Wirkungen

körperlich

| 1 | 2 | 3 | 4 | 5 | 5,5 | 6 | 7 | 8 | 9 | 10 | ....

emotional

| 1 | 2 | 3 | 4 | 5 | 5,5 | 6 | 7 | 8 | 9 | 10 | ....

mental

| 1 | 2 | 3 | 4 | 5 | 5,5 | 6 | 7 | 8 | 9 | 10 | ....

Weitere Notizen

Durchschnittswert: ....

Alle Übungsdurchschnittswerte addieren   ....

inkl. Schlafwert _____

geteilt durch 4

Tagesdurchschnittswert *geteilt durch 3*
oder durch Anzahl von Übungen, falls weniger als 3

Tagesdurchschnitt körperlich [   ]   **emotional** [   ]   **mental** [   ]

Befinden im Verlaufe des Tages:

Folgende Erlebnisse/Begegnungen waren mir heute wichtig:

Überraschung! Etwas mit dem ich nicht gerechnet habe:

Ich möchte mich heute/jetzt bedanken für:

Was habe ich heute gut gemacht?

Gibt es noch etwas, was mich gedanklich festhält oder ein Problem?

Kann und muss ich das heute Abend oder heute Nacht noch lösen? Oder darf ich es erst einmal loslassen , um neue Kräfte durch guten Schlaf zu sammeln?

Was kann ich heute aus den Erfahrungen lernen?

Das Thema / die Essenz dieses Tages:

Möglichst nur in einem Wort oder kurzem Satz

Gesamtzeit einschl. Tagebuchführung in Minuten

Keine Meinung. Die Übungen habe ich heute nicht gemacht.

Meine Nacht / mein Schlaf

1	2	3	4	5	5,5	6	7	8	9	10

Zählwerte von 1- 10, die genaue Mitte ist 5,5

_____

Notizen

Ich habe den Atem-/Bodyscan mit Dehnungen und die Meditation heute gemacht:

Morgens

Uhrzeit ....   Dauer..........

Wirkungen

körperlich

1	2	3	4	5	5,5	6	7	8	9	10	....

emotional

1	2	3	4	5	5,5	6	7	8	9	10	....

mental

1	2	3	4	5	5,5	6	7	8	9	10	....

Durchschnittswert: ....

Weitere Notizen

Mittags

Uhrzeit ....   Dauer..........

Wirkungen

körperlich

1	2	3	4	5	5,5	6	7	8	9	10	....

emotional

1	2	3	4	5	5,5	6	7	8	9	10	....

mental

1	2	3	4	5	5,5	6	7	8	9	10	....

Durchschnittswert: ....

Weitere Notizen

Abends

Uhrzeit ....   Dauer..........

Wirkungen

körperlich

1	2	3	4	5	5,5	6	7	8	9	10	....

emotional

1	2	3	4	5	5,5	6	7	8	9	10	....

mental

1	2	3	4	5	5,5	6	7	8	9	10	....

Durchschnittswert: ....

Weitere Notizen

Alle Übungsdurchschnittswerte addieren   ....

Tagesdurchschnittswert *geteilt durch 3*
oder durch Anzahl von Übungen, falls weniger als 3

inkl. Schlafwert _____

geteilt durch 4

Tagesdurchschnitt körperlich [ ]   **emotional** [ ]   **mental** [ ]

Befinden im Verlaufe des Tages:

Folgende Erlebnisse/Begegnungen waren mir heute wichtig:

Überraschung! Etwas mit dem ich nicht gerechnet habe:

Ich möchte mich heute/jetzt bedanken für:

Was habe ich heute gut gemacht?

Gibt es noch etwas, was mich gedanklich festhält oder ein Problem?
Kann und muss ich das heute Abend oder heute Nacht noch lösen? Oder darf ich es erst einmal loslassen ,um neue Kräfte durch guten Schlaf zu sammeln?

Was kann ich heute aus den Erfahrungen lernen?

Das Thema / die Essenz dieses Tages:
Möglichst nur in einem Wort oder kurzem Satz

Gesamtzeit einschl. Tagebuchführung in Minuten

Keine Meinung. Die Übungen habe ich heute nicht gemacht.

Meine Nacht / mein Schlaf

1	2	3	4	5	5,5	6	7	8	9	10

Zählwerte von 1- 10, die genaue Mitte ist 5,5

Notizen

Ich habe den Atem-/Bodyscan mit Dehnungen und die Meditation heute gemacht:

Morgens
Uhrzeit ....   Dauer...........

Wirkungen

körperlich

| 1 | 2 | 3 | 4 | 5 | 5,5 | 6 | 7 | 8 | 9 | 10 | ....
|---|---|---|---|---|-----|---|---|---|---|----|

emotional

| 1 | 2 | 3 | 4 | 5 | 5,5 | 6 | 7 | 8 | 9 | 10 | ....
|---|---|---|---|---|-----|---|---|---|---|----|

mental

| 1 | 2 | 3 | 4 | 5 | 5,5 | 6 | 7 | 8 | 9 | 10 | ....
|---|---|---|---|---|-----|---|---|---|---|----|

Weitere Notizen

Durchschnittswert: ....

Mittags
Uhrzeit ....   Dauer...........

Wirkungen

körperlich

| 1 | 2 | 3 | 4 | 5 | 5,5 | 6 | 7 | 8 | 9 | 10 | ....
|---|---|---|---|---|-----|---|---|---|---|----|

emotional

| 1 | 2 | 3 | 4 | 5 | 5,5 | 6 | 7 | 8 | 9 | 10 | ....
|---|---|---|---|---|-----|---|---|---|---|----|

mental

| 1 | 2 | 3 | 4 | 5 | 5,5 | 6 | 7 | 8 | 9 | 10 | ....
|---|---|---|---|---|-----|---|---|---|---|----|

Weitere Notizen

Durchschnittswert: ....

Abends
Uhrzeit ....   Dauer...........

Wirkungen

körperlich

| 1 | 2 | 3 | 4 | 5 | 5,5 | 6 | 7 | 8 | 9 | 10 | ....
|---|---|---|---|---|-----|---|---|---|---|----|

emotional

| 1 | 2 | 3 | 4 | 5 | 5,5 | 6 | 7 | 8 | 9 | 10 | ....
|---|---|---|---|---|-----|---|---|---|---|----|

mental

| 1 | 2 | 3 | 4 | 5 | 5,5 | 6 | 7 | 8 | 9 | 10 | ....
|---|---|---|---|---|-----|---|---|---|---|----|

Weitere Notizen

Durchschnittswert: ....

Alle Übungsdurchschnittswerte addieren   ....

inkl. Schlafwert _____

geteilt durch 4

Tagesdurchschnittswert *geteilt durch 3*
oder durch Anzahl von Übungen, falls weniger als 3

Tagesdurchschnitt körperlich [ ]   **emotional** [ ]   **mental** [ ]

Befinden im Verlaufe des Tages:

Folgende Erlebnisse/Begegnungen waren mir heute wichtig:

Überraschung! Etwas mit dem ich nicht gerechnet habe:

Ich möchte mich heute/jetzt bedanken für:

Was habe ich heute gut gemacht?

Gibt es noch etwas, was mich gedanklich festhält oder ein Problem?
Kann und muss ich das heute Abend oder heute Nacht noch lösen? Oder darf ich es erst einmal loslassen ‚um neue Kräfte durch guten Schlaf zu sammeln?

Was kann ich heute aus den Erfahrungen lernen?

Das Thema / die Essenz dieses Tages:
Möglichst nur in einem Wort oder kurzem Satz

Gesamtzeit einschl. Tagebuchführung in Minuten

Keine Meinung. Die Übungen habe ich heute nicht gemacht.

Meine Nacht / mein Schlaf

| 1 | 2 | 3 | 4 | 5 | 5,5 | 6 | 7 | 8 | 9 | 10 |

_____

Zählwerte von 1- 10, die genaue Mitte ist 5,5　　　　　*Notizen*

Ich habe den Atem-/Bodyscan mit Dehnungen und die Meditation heute gemacht:

Morgens

Uhrzeit ....　　　　Dauer..........

Wirkungen

körperlich

| 1 | 2 | 3 | 4 | 5 | 5,5 | 6 | 7 | 8 | 9 | 10 | ....

emotional

| 1 | 2 | 3 | 4 | 5 | 5,5 | 6 | 7 | 8 | 9 | 10 | ....

mental

| 1 | 2 | 3 | 4 | 5 | 5,5 | 6 | 7 | 8 | 9 | 10 | ....

Weitere Notizen

Durchschnittswert:　　　　..........

Mittags

Uhrzeit ....　　　　Dauer..........

Wirkungen

körperlich

| 1 | 2 | 3 | 4 | 5 | 5,5 | 6 | 7 | 8 | 9 | 10 | ....

emotional

| 1 | 2 | 3 | 4 | 5 | 5,5 | 6 | 7 | 8 | 9 | 10 | ....

mental

| 1 | 2 | 3 | 4 | 5 | 5,5 | 6 | 7 | 8 | 9 | 10 | ....

Weitere Notizen

Durchschnittswert:　　　　..........

Abends

Uhrzeit ....　　　　Dauer..........

Wirkungen

körperlich

| 1 | 2 | 3 | 4 | 5 | 5,5 | 6 | 7 | 8 | 9 | 10 | ....

emotional

| 1 | 2 | 3 | 4 | 5 | 5,5 | 6 | 7 | 8 | 9 | 10 | ....

mental

| 1 | 2 | 3 | 4 | 5 | 5,5 | 6 | 7 | 8 | 9 | 10 | ....

Weitere Notizen

Durchschnittswert:　　　　..........

Alle Übungsdurchschnittswerte addieren　　　　........................

inkl. Schlafwert _____

Tagesdurchschnittswert *geteilt durch 3*
oder durch Anzahl von Übungen, falls weniger als 3

geteilt durch 4

Tagesdurchschnitt körperlich ☐　　**emotional** ☐　　**mental** ☐

Befinden im Verlaufe des Tages:

Folgende Erlebnisse/Begegnungen waren mir heute wichtig:

Überraschung! Etwas mit dem ich nicht gerechnet habe:

Ich möchte mich heute/jetzt bedanken für:

Was habe ich heute gut gemacht?

Gibt es noch etwas, was mich gedanklich festhält oder ein Problem?

Kann und muss ich das heute Abend oder heute Nacht noch lösen? Oder darf ich es erst einmal loslassen ,um neue Kräfte durch guten Schlaf zu sammeln?

Was kann ich heute aus den Erfahrungen lernen?

Das Thema / die Essenz dieses Tages:

Möglichst nur in einem Wort oder kurzem Satz

Gesamtzeit einschl. Tagebuchführung in Minuten

Keine Meinung. Die Übungen habe ich heute nicht gemacht.

Meine Nacht / mein Schlaf

1	2	3	4	5	5,5	6	7	8	9	10

Zählwerte von 1- 10, die genaue Mitte ist 5,5   *Notizen*

Ich habe den Atem-/Bodyscan mit Dehnungen und die Meditation heute gemacht:

Morgens
Uhrzeit ....   Dauer...........

Wirkungen

Weitere Notizen

körperlich

1	2	3	4	5	5,5	6	7	8	9	10
....

emotional

1	2	3	4	5	5,5	6	7	8	9	10
....

mental

1	2	3	4	5	5,5	6	7	8	9	10
....

Durchschnittswert: ....

Mittags
Uhrzeit ....   Dauer...........

Wirkungen

Weitere Notizen

körperlich

1	2	3	4	5	5,5	6	7	8	9	10
....

emotional

1	2	3	4	5	5,5	6	7	8	9	10
....

mental

1	2	3	4	5	5,5	6	7	8	9	10
....

Durchschnittswert: ....

Abends
Uhrzeit ....   Dauer...........

Wirkungen

Weitere Notizen

körperlich

1	2	3	4	5	5,5	6	7	8	9	10
....

emotional

1	2	3	4	5	5,5	6	7	8	9	10
....

mental

1	2	3	4	5	5,5	6	7	8	9	10
....

Durchschnittswert: ....

Alle Übungsdurchschnittswerte addieren   ....

inkl. Schlafwert _____

geteilt durch 4

Tagesdurchschnittswert   *geteilt durch 3*
oder durch Anzahl von Übungen, falls weniger als 3

Tagesdurchschnitt körperlich [   ] **emotional** [   ] **mental** [   ]

Befinden im Verlaufe des Tages:

Folgende Erlebnisse/Begegnungen waren mir heute wichtig:

Überraschung! Etwas mit dem ich nicht gerechnet habe:

Ich möchte mich heute/jetzt bedanken für:

Was habe ich heute gut gemacht?

Gibt es noch etwas, was mich gedanklich festhält oder ein Problem?
Kann und muss ich das heute Abend oder heute Nacht noch losen? Oder darf ich es erst einmal loslassen ,um neue Kräfte durch guten Schlaf zu sammeln?

Was kann ich heute aus den Erfahrungen lernen?

Das Thema / die Essenz dieses Tages:
Möglichst nur in einem Wort oder kurzem Satz

Gesamtzeit einschl. Tagebuchführung in Minuten

Keine Meinung. Die Übungen habe ich heute nicht gemacht.

Meine Nacht / mein Schlaf | 1 | 2 | 3 | 4 | 5 | **5,5** | 6 | 7 | 8 | 9 | 10 |

Zählwerte von 1- 10, die genaue Mitte ist 5,5   *Notizen*

Ich habe den Atem-/Bodyscan mit Dehnungen und die Meditation heute gemacht:

Morgens
Uhrzeit ....   Dauer...........
Wirkungen

körperlich | 1 | 2 | 3 | 4 | 5 | 5,5 | 6 | 7 | 8 | 9 | 10 | ....

emotional | 1 | 2 | 3 | 4 | 5 | 5,5 | 6 | 7 | 8 | 9 | 10 | ....

mental | 1 | 2 | 3 | 4 | 5 | 5,5 | 6 | 7 | 8 | 9 | 10 | ....

Durchschnittswert: ....

Weitere Notizen

Mittags
Uhrzeit ....   Dauer...........
Wirkungen

körperlich | 1 | 2 | 3 | 4 | 5 | 5,5 | 6 | 7 | 8 | 9 | 10 | ....

emotional | 1 | 2 | 3 | 4 | 5 | 5,5 | 6 | 7 | 8 | 9 | 10 | ....

mental | 1 | 2 | 3 | 4 | 5 | 5,5 | 6 | 7 | 8 | 9 | 10 | ....

Durchschnittswert: ....

Weitere Notizen

Abends
Uhrzeit ....   Dauer...........
Wirkungen

körperlich | 1 | 2 | 3 | 4 | 5 | 5,5 | 6 | 7 | 8 | 9 | 10 | ....

emotional | 1 | 2 | 3 | 4 | 5 | 5,5 | 6 | 7 | 8 | 9 | 10 | ....

mental | 1 | 2 | 3 | 4 | 5 | 5,5 | 6 | 7 | 8 | 9 | 10 | ....

Durchschnittswert: ....

Weitere Notizen

Alle Übungsdurchschnittswerte addieren   ....

Tagesdurchschnittswert *geteilt durch 3*
oder durch Anzahl von Übungen, falls weniger als 3

inkl. Schlafwert _____

geteilt durch 4

Tagesdurchschnitt körperlich [   ]   **emotional** [   ]   **mental** [   ]

Befinden im Verlaufe des Tages:

Folgende Erlebnisse/Begegnungen waren mir heute wichtig:

Überraschung! Etwas mit dem ich nicht gerechnet habe:

Ich möchte mich heute/jetzt bedanken für:

Was habe ich heute gut gemacht?

Gibt es noch etwas, was mich gedanklich festhält oder ein Problem?

Kann und muss ich das heute Abend oder heute Nacht noch lösen? Oder darf ich es erst einmal loslassen ,um neue Kräfte durch guten Schlaf zu sammeln?

Was kann ich heute aus den Erfahrungen lernen?

Das Thema / die Essenz dieses Tages:

Möglichst nur in einem Wort oder kurzem Satz

Gesamtzeit einschl. Tagebuchführung in Minuten

Keine Meinung. Die Übungen habe ich heute nicht gemacht.

Wie viel Zeit habe ich insgesamt für die Übungen inkl. der abendlichen Tagebuchführung investiert?

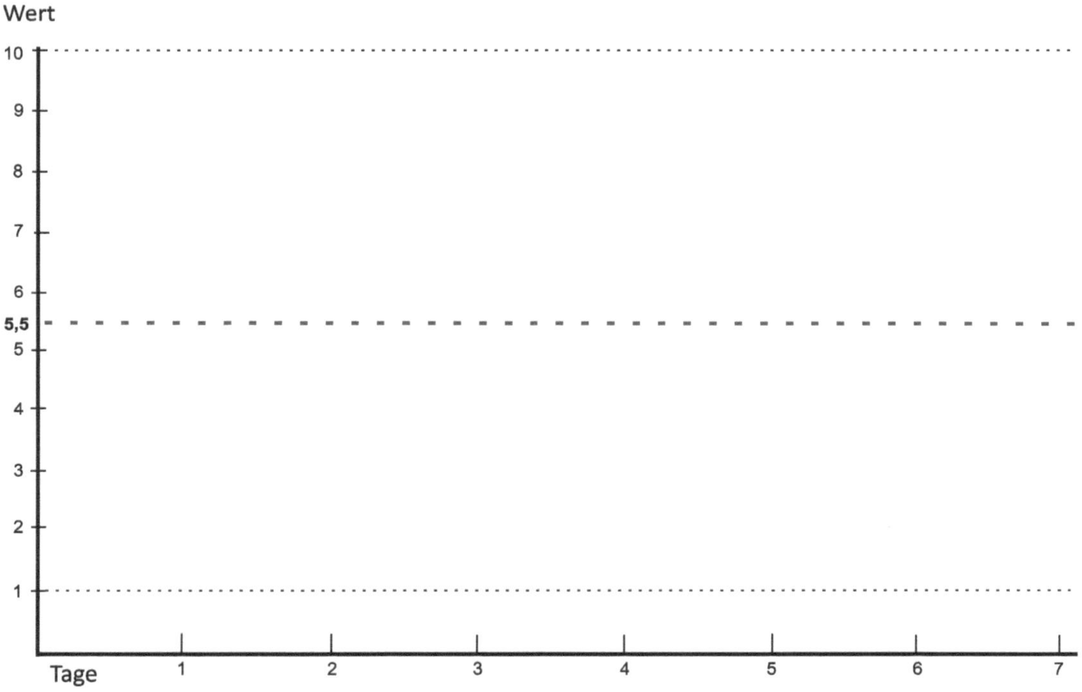

Wert

```
10 ┬ ·············································
 9 ┤
 8 ┤
 7 ┤
 6 ┤
5,5 ┤ - - - - - - - - - - - - - - - - - - - - -
 5 ┤
 4 ┤
 3 ┤
 2 ┤
 1 ┤ ·············································
    └──┬────┬────┬────┬────┬────┬────┬──
Tage   1    2    3    4    5    6    7
```

Übertrage zuerst die Tagesgesamtwertzahlen und verbinde die Punkte miteinander zu einer dicken Linie.

Trage anschließend die weiteren Werte für körperliches, emtionales, mentales Befinden sowie Schlafbefinden ein und verbinde sie ebenso zu Kurven – am besten mit verschiedenen Farbstiften oder zur Unterscheidung kenntlichen Markierungen. Oder kopiere diese Grafik für getrennte Eintragungen.

Die Mittelwert ist 5,5. Liegt deine Kurve insgesamt über dieser Linie oder unter der Linie?

Gesamtdurchschnittswert der Woche für die Übungen:
Tageswerte addieren – durch 7 teilen oder der faktisch absolvierten Übungstage

Wochengesamtwert

Gesamtwert inkl. Schlafwerte ....

Wochenwert körperlich ....
Wochenwert emotional ....
Wochenwert mental ....
Wochenwert Schlaf ....

In meinem Befinden hat sich etwas verändert:

körperlich

emotional

mental

Falls ja. Welche Gründe gibt es für die Veränderung?

Ich möchte mich für die vergangene Woche besonders bedanken für:
Schau noch einmal auf deine Danksagungen. Entscheide dich für eine oder zwei Danksagungen oder schreibe etwas Neues auf, was dir einfällt:

Ich habe folgendes wirklich gut gemacht. Dafür nehme ich mich jetzt in die Arme und wertschätze mich: *Schau noch einmal auf die Tagebucheintragungen der Woche. Wähle 2 -3 Fakten aus*

Ein Ereignis hat mich besonders in meiner Alltagsroutine überrascht:
Bitte schau rückblickend auf die Frage „Überraschung"

Meine Erkenntnis aus dieser Überraschung ist....

Was mir noch wichtig ist hier einzutragen:
Brainstorming, Worte, Gedanken

Meine Essenzen/Themen der jeweiligen Tage:

Bitte trage alles, was du in Tagesessenzen aufgeschrieben hast, hier noch einmal ein:

Für mich ergibt sich ein Thema / eine Erkenntnis aus den Essenzen?

Aus dieser Erkenntnis möchte ich in den kommenden Tagen folgendes umsetzen:

To-do-Liste und wie

Meine Nacht / mein Schlaf | 1 | 2 | 3 | 4 | 5 | **5,5** | 6 | 7 | 8 | 9 | 10 |

Zählwerte von 1- 10, die genaue Mitte ist 5,5   *Notizen*

Ich habe den Atem-/Bodyscan mit Dehnungen und die Meditation heute gemacht:

Morgens

Uhrzeit ....   Dauer...........

Wirkungen

körperlich		1	2	3	4	5	5,5	6	7	8	9	10	....
emotional		1	2	3	4	5	5,5	6	7	8	9	10	....
mental		1	2	3	4	5	5,5	6	7	8	9	10	....

Weitere Notizen

Durchschnittswert: ....

Mittags

Uhrzeit ....   Dauer...........

Wirkungen

körperlich		1	2	3	4	5	5,5	6	7	8	9	10	....
emotional		1	2	3	4	5	5,5	6	7	8	9	10	....
mental		1	2	3	4	5	5,5	6	7	8	9	10	....

Weitere Notizen

Durchschnittswert: ....

Abends

Uhrzeit ....   Dauer...........

Wirkungen

körperlich		1	2	3	4	5	5,5	6	7	8	9	10	....
emotional		1	2	3	4	5	5,5	6	7	8	9	10	....
mental		1	2	3	4	5	5,5	6	7	8	9	10	....

Weitere Notizen

Durchschnittswert: ....

Alle Übungsdurchschnittswerte addieren   ....

inkl. Schlafwert _____

geteilt durch 4

Tagesdurchschnittswert *geteilt durch 3*
oder durch Anzahl von Übungen, falls weniger als 3

Tagesdurchschnitt körperlich [   ]   **emotional** [   ]   **mental** [   ]

Befinden im Verlaufe des Tages:

Folgende Erlebnisse/Begegnungen waren mir heute wichtig:

Überraschung! Etwas mit dem ich nicht gerechnet habe:

Ich möchte mich heute/jetzt bedanken für:

Was habe ich heute gut gemacht?

Gibt es noch etwas, was mich gedanklich festhält oder ein Problem?
Kann und muss ich das heute Abend oder heute Nacht noch lösen? Oder darf ich es erst einmal loslassen ,um neue Kräfte durch guten Schlaf zu sammeln?

Was kann ich heute aus den Erfahrungen lernen?

Das Thema / die Essenz dieses Tages:
Möglichst nur in einem Wort oder kurzem Satz

Gesamtzeit einschl. Tagebuchführung in Minuten

Keine Meinung. Die Übungen habe ich heute nicht gemacht.

Meine Nacht / mein Schlaf

1	2	3	4	5	5,5	6	7	8	9	10

Zählwerte von 1- 10, die genaue Mitte ist 5,5

Notizen

Ich habe den Atem-/Bodyscan mit Dehnungen und die Meditation heute gemacht:

Morgens

Uhrzeit ....   Dauer...........

Wirkungen

körperlich

1	2	3	4	5	5,5	6	7	8	9	10

....

emotional

1	2	3	4	5	5,5	6	7	8	9	10

....

mental

1	2	3	4	5	5,5	6	7	8	9	10

....

Weitere Notizen

Durchschnittswert: ....

Mittags

Uhrzeit ....   Dauer...........

Wirkungen

körperlich

1	2	3	4	5	5,5	6	7	8	9	10

....

emotional

1	2	3	4	5	5,5	6	7	8	9	10

....

mental

1	2	3	4	5	5,5	6	7	8	9	10

....

Weitere Notizen

Durchschnittswert: ....

Abends

Uhrzeit ....   Dauer...........

Wirkungen

körperlich

1	2	3	4	5	5,5	6	7	8	9	10

....

emotional

1	2	3	4	5	5,5	6	7	8	9	10

....

mental

1	2	3	4	5	5,5	6	7	8	9	10

....

Weitere Notizen

Durchschnittswert: ....

Alle Übungsdurchschnittswerte addieren   ....

inkl. Schlafwert _____

geteilt durch 4

Tagesdurchschnittswert _geteilt durch 3_
oder durch Anzahl von Übungen, falls weniger als 3

Tagesdurchschnitt körperlich   **emotional**   **mental**

Befinden im Verlaufe des Tages:

Folgende Erlebnisse/Begegnungen waren mir heute wichtig:

Überraschung! Etwas mit dem ich nicht gerechnet habe:

Ich möchte mich heute/jetzt bedanken für:

Was habe ich heute gut gemacht?

Gibt es noch etwas, was mich gedanklich festhält oder ein Problem?

Kann und muss ich das heute Abend oder heute Nacht noch lösen? Oder darf ich es erst einmal loslassen ,um neue Kräfte durch guten Schlaf zu sammeln?

Was kann ich heute aus den Erfahrungen lernen?

Das Thema / die Essenz dieses Tages:

Möglichst nur in einem Wort oder kurzem Satz

Gesamtzeit einschl. Tagebuchführung in Minuten

Keine Meinung. Die Übungen habe ich heute nicht gemacht.

Meine Nacht / mein Schlaf | 1 | 2 | 3 | 4 | 5 | **5,5** | 6 | 7 | 8 | 9 | 10 |

Zählwerte von 1- 10, die genaue Mitte ist 5,5 · *Notizen*

Ich habe den Atem-/Bodyscan mit Dehnungen und die Meditation heute gemacht:

Morgens

Uhrzeit .... Dauer...........

Wirkungen

körperlich | 1 | 2 | 3 | 4 | 5 | 5,5 | 6 | 7 | 8 | 9 | 10 | ....

emotional | 1 | 2 | 3 | 4 | 5 | 5,5 | 6 | 7 | 8 | 9 | 10 | ....

mental | 1 | 2 | 3 | 4 | 5 | 5,5 | 6 | 7 | 8 | 9 | 10 | ....

Durchschnittswert: ....

Weitere Notizen

Mittags

Uhrzeit .... Dauer...........

Wirkungen

körperlich | 1 | 2 | 3 | 4 | 5 | 5,5 | 6 | 7 | 8 | 9 | 10 | ....

emotional | 1 | 2 | 3 | 4 | 5 | 5,5 | 6 | 7 | 8 | 9 | 10 | ....

mental | 1 | 2 | 3 | 4 | 5 | 5,5 | 6 | 7 | 8 | 9 | 10 | ....

Durchschnittswert: ....

Weitere Notizen

Abends

Uhrzeit .... Dauer...........

Wirkungen

körperlich | 1 | 2 | 3 | 4 | 5 | 5,5 | 6 | 7 | 8 | 9 | 10 | ....

emotional | 1 | 2 | 3 | 4 | 5 | 5,5 | 6 | 7 | 8 | 9 | 10 | ....

mental | 1 | 2 | 3 | 4 | 5 | 5,5 | 6 | 7 | 8 | 9 | 10 | ....

Durchschnittswert: ....

Weitere Notizen

Alle Übungsdurchschnittswerte addieren ....

inkl. Schlafwert _____

geteilt durch 4

Tagesdurchschnittswert *geteilt durch 3
oder durch Anzahl von Übungen, falls weniger als 3*

Tagesdurchschnitt körperlich [   ] **emotional** [   ] **mental** [   ]

Befinden im Verlaufe des Tages:

Folgende Erlebnisse/Begegnungen waren mir heute wichtig:

Überraschung! Etwas mit dem ich nicht gerechnet habe:

Ich möchte mich heute/jetzt bedanken für:

Was habe ich heute gut gemacht?

Gibt es noch etwas, was mich gedanklich festhält oder ein Problem?
Kann und muss ich das heute Abend oder heute Nacht noch lösen? Oder darf ich es erst einmal loslassen ,um neue Kräfte durch guten Schlaf zu sammeln?

Was kann ich heute aus den Erfahrungen lernen?

Das Thema / die Essenz dieses Tages:
Möglichst nur in einem Wort oder kurzem Satz

Gesamtzeit einschl. Tagebuchführung in Minuten

Keine Meinung. Die Übungen habe ich heute nicht gemacht.

Meine Nacht / mein Schlaf

1	2	3	4	5	5,5	6	7	8	9	10

Zählwerte von 1- 10, die genaue Mitte ist 5,5

_____

Notizen

Ich habe den Atem-/Bodyscan mit Dehnungen und die Meditation heute gemacht:

Morgens

Uhrzeit ....   Dauer...........

Wirkungen

körperlich

| 1 | 2 | 3 | 4 | 5 | 5,5 | 6 | 7 | 8 | 9 | 10 | ....

emotional

| 1 | 2 | 3 | 4 | 5 | 5,5 | 6 | 7 | 8 | 9 | 10 | ....

mental

| 1 | 2 | 3 | 4 | 5 | 5,5 | 6 | 7 | 8 | 9 | 10 | ....

Durchschnittswert: ....

Weitere Notizen

Mittags

Uhrzeit ....   Dauer...........

Wirkungen

körperlich

| 1 | 2 | 3 | 4 | 5 | 5,5 | 6 | 7 | 8 | 9 | 10 | ....

emotional

| 1 | 2 | 3 | 4 | 5 | 5,5 | 6 | 7 | 8 | 9 | 10 | ....

mental

| 1 | 2 | 3 | 4 | 5 | 5,5 | 6 | 7 | 8 | 9 | 10 | ....

Durchschnittswert: ....

Weitere Notizen

Abends

Uhrzeit ....   Dauer...........

Wirkungen

körperlich

| 1 | 2 | 3 | 4 | 5 | 5,5 | 6 | 7 | 8 | 9 | 10 | ....

emotional

| 1 | 2 | 3 | 4 | 5 | 5,5 | 6 | 7 | 8 | 9 | 10 | ....

mental

| 1 | 2 | 3 | 4 | 5 | 5,5 | 6 | 7 | 8 | 9 | 10 | ....

Durchschnittswert: ....

Weitere Notizen

Alle Übungsdurchschnittswerte addieren   ....

Tagesdurchschnittswert   *geteilt durch 3*
oder durch Anzahl von Übungen, falls weniger als 3

inkl. Schlafwert   _____

geteilt durch 4

Tagesdurchschnitt körperlich [ ]   **emotional** [ ]   **mental** [ ]

Befinden im Verlaufe des Tages:

Folgende Erlebnisse/Begegnungen waren mir heute wichtig:

Überraschung! Etwas mit dem ich nicht gerechnet habe:

Ich möchte mich heute/jetzt bedanken für:

Was habe ich heute gut gemacht?

Gibt es noch etwas, was mich gedanklich festhält oder ein Problem?
Kann und muss ich das heute Abend oder heute Nacht noch lösen? Oder darf ich es erst einmal loslassen ,um neue Kräfte durch guten Schlaf zu sammeln?

Was kann ich heute aus den Erfahrungen lernen?

Das Thema / die Essenz dieses Tages:
Möglichst nur in einem Wort oder kurzem Satz

Gesamtzeit einschl. Tagebuchführung in Minuten

Keine Meinung. Die Übungen habe ich heute nicht gemacht.

Meine Nacht / mein Schlaf

| 1 | 2 | 3 | 4 | 5 | 5,5 | 6 | 7 | 8 | 9 | 10 |

Zählwerte von 1- 10, die genaue Mitte ist 5,5   *Notizen*

Ich habe den Atem-/Bodyscan mit Dehnungen und die Meditation heute gemacht:

Morgens
Uhrzeit ....   Dauer..........
Wirkungen

Weitere Notizen

körperlich

| 1 | 2 | 3 | 4 | 5 | 5,5 | 6 | 7 | 8 | 9 | 10 | ....

emotional

| 1 | 2 | 3 | 4 | 5 | 5,5 | 6 | 7 | 8 | 9 | 10 | ....

mental

| 1 | 2 | 3 | 4 | 5 | 5,5 | 6 | 7 | 8 | 9 | 10 | ....

Durchschnittswert: ....

Mittags
Uhrzeit ....   Dauer..........
Wirkungen

Weitere Notizen

körperlich

| 1 | 2 | 3 | 4 | 5 | 5,5 | 6 | 7 | 8 | 9 | 10 | ....

emotional

| 1 | 2 | 3 | 4 | 5 | 5,5 | 6 | 7 | 8 | 9 | 10 | ....

mental

| 1 | 2 | 3 | 4 | 5 | 5,5 | 6 | 7 | 8 | 9 | 10 | ....

Durchschnittswert: ....

Abends
Uhrzeit ....   Dauer..........
Wirkungen

Weitere Notizen

körperlich

| 1 | 2 | 3 | 4 | 5 | 5,5 | 6 | 7 | 8 | 9 | 10 | ....

emotional

| 1 | 2 | 3 | 4 | 5 | 5,5 | 6 | 7 | 8 | 9 | 10 | ....

mental

| 1 | 2 | 3 | 4 | 5 | 5,5 | 6 | 7 | 8 | 9 | 10 | ....

Durchschnittswert: ....

Alle Übungsdurchschnittswerte addieren   ....

inkl. Schlafwert _____

geteilt durch 4

Tagesdurchschnittswert *geteilt durch 3*
oder durch Anzahl von Übungen, falls weniger als 3

Tagesdurchschnitt körperlich [   ]   **emotional** [   ]   **mental** [   ]

Befinden im Verlaufe des Tages:

Folgende Erlebnisse/Begegnungen waren mir heute wichtig:

Überraschung! Etwas mit dem ich nicht gerechnet habe:

Ich möchte mich heute/jetzt bedanken für:

Was habe ich heute gut gemacht?

Gibt es noch etwas, was mich gedanklich festhält oder ein Problem?

Kann und muss ich das heute Abend oder heute Nacht noch lösen? Oder darf ich es erst einmal loslassen ,um neue Kräfte durch guten Schlaf zu sammeln?

Was kann ich heute aus den Erfahrungen lernen?

Das Thema / die Essenz dieses Tages:

Möglichst nur in einem Wort oder kurzem Satz

Gesamtzeit einschl. Tagebuchführung in Minuten

Keine Meinung. Die Übungen habe ich heute nicht gemacht.

Meine Nacht / mein Schlaf

1	2	3	4	5	5,5	6	7	8	9	10

Zählwerte von 1- 10, die genaue Mitte ist 5,5   _Notizen_

Ich habe den Atem-/Bodyscan mit Dehnungen und die Meditation heute gemacht:

Morgens
Uhrzeit ....   Dauer...........

Wirkungen

körperlich

| 1 | 2 | 3 | 4 | 5 | 5,5 | 6 | 7 | 8 | 9 | 10 | ....

emotional

| 1 | 2 | 3 | 4 | 5 | 5,5 | 6 | 7 | 8 | 9 | 10 | ....

mental

| 1 | 2 | 3 | 4 | 5 | 5,5 | 6 | 7 | 8 | 9 | 10 | ....

Weitere Notizen

Durchschnittswert: ....

Mittags
Uhrzeit ....   Dauer...........

Wirkungen

körperlich

| 1 | 2 | 3 | 4 | 5 | 5,5 | 6 | 7 | 8 | 9 | 10 | ....

emotional

| 1 | 2 | 3 | 4 | 5 | 5,5 | 6 | 7 | 8 | 9 | 10 | ....

mental

| 1 | 2 | 3 | 4 | 5 | 5,5 | 6 | 7 | 8 | 9 | 10 | ....

Weitere Notizen

Durchschnittswert: ....

Abends
Uhrzeit ....   Dauer...........

Wirkungen

körperlich

| 1 | 2 | 3 | 4 | 5 | 5,5 | 6 | 7 | 8 | 9 | 10 | ....

emotional

| 1 | 2 | 3 | 4 | 5 | 5,5 | 6 | 7 | 8 | 9 | 10 | ....

mental

| 1 | 2 | 3 | 4 | 5 | 5,5 | 6 | 7 | 8 | 9 | 10 | ....

Weitere Notizen

Durchschnittswert: ....

Alle Übungsdurchschnittswerte addieren   ....

inkl. Schlafwert _____

geteilt durch 4

Tagesdurchschnittswert _geteilt durch 3_
oder durch Anzahl von Übungen, falls weniger als 3

Tagesdurchschnitt körperlich ⬚ **emotional** ⬚ **mental** ⬚

Befinden im Verlaufe des Tages:

Folgende Erlebnisse/Begegnungen waren mir heute wichtig:

Überraschung! Etwas mit dem ich nicht gerechnet habe:

Ich möchte mich heute/jetzt bedanken für:

Was habe ich heute gut gemacht?

Gibt es noch etwas, was mich gedanklich festhält oder ein Problem?

Kann und muss ich das heute Abend oder heute Nacht noch lösen? Oder darf ich es erst einmal loslassen ,um neue Krafte durch guten Schlaf zu sammeln?

Was kann ich heute aus den Erfahrungen lernen?

Das Thema / die Essenz dieses Tages:

Möglichst nur in einem Wort oder kurzem Satz

Gesamtzeit einschl. Tagebuchführung in Minuten

Keine Meinung. Die Übungen habe ich heute nicht gemacht.

Meine Nacht / mein Schlaf | 1 | 2 | 3 | 4 | 5 | **5,5** | 6 | 7 | 8 | 9 | 10 |

Zählwerte von 1- 10, die genaue Mitte ist 5,5   *Notizen*

Ich habe den Atem-/Bodyscan mit Dehnungen und die Meditation heute gemacht:

Morgens

Uhrzeit ....   Dauer...........

Wirkungen

Weitere Notizen

körperlich	1	2	3	4	5	5,5	6	7	8	9	10	....
emotional	1	2	3	4	5	5,5	6	7	8	9	10	....
mental	1	2	3	4	5	5,5	6	7	8	9	10	....

Durchschnittswert: ....

Mittags

Uhrzeit ....   Dauer...........

Wirkungen

Weitere Notizen

körperlich	1	2	3	4	5	5,5	6	7	8	9	10	....
emotional	1	2	3	4	5	5,5	6	7	8	9	10	....
mental	1	2	3	4	5	5,5	6	7	8	9	10	....

Durchschnittswert: ....

Abends

Uhrzeit ....   Dauer...........

Wirkungen

Weitere Notizen

körperlich	1	2	3	4	5	5,5	6	7	8	9	10	....
emotional	1	2	3	4	5	5,5	6	7	8	9	10	....
mental	1	2	3	4	5	5,5	6	7	8	9	10	....

Durchschnittswert: ....

Alle Übungsdurchschnittswerte addieren   ....

inkl. Schlafwert _____

geteilt durch 4

Tagesdurchschnittswert   *geteilt durch 3*
oder durch Anzahl von Übungen, falls weniger als 3

Tagesdurchschnitt körperlich [ ]   **emotional** [ ]   **mental** [ ]

Befinden im Verlaufe des Tages:

Folgende Erlebnisse/Begegnungen waren mir heute wichtig:

Überraschung! Etwas mit dem ich nicht gerechnet habe:

Ich möchte mich heute/jetzt bedanken für:

Was habe ich heute gut gemacht?

Gibt es noch etwas, was mich gedanklich festhält oder ein Problem?

Kann und muss ich das heute Abend oder heute Nacht noch lösen? Oder darf ich es erst einmal loslassen, um neue Kräfte durch guten Schlaf zu sammeln?

Was kann ich heute aus den Erfahrungen lernen?

Das Thema / die Essenz dieses Tages:

Möglichst nur in einem Wort oder kurzem Satz

Gesamtzeit einschl. Tagebuchführung in Minuten

Keine Meinung. Die Übungen habe ich heute nicht gemacht.

Wie viel Zeit habe ich insgesamt für die Übungen
inkl. der abendlichen Tagebuchführung investiert?

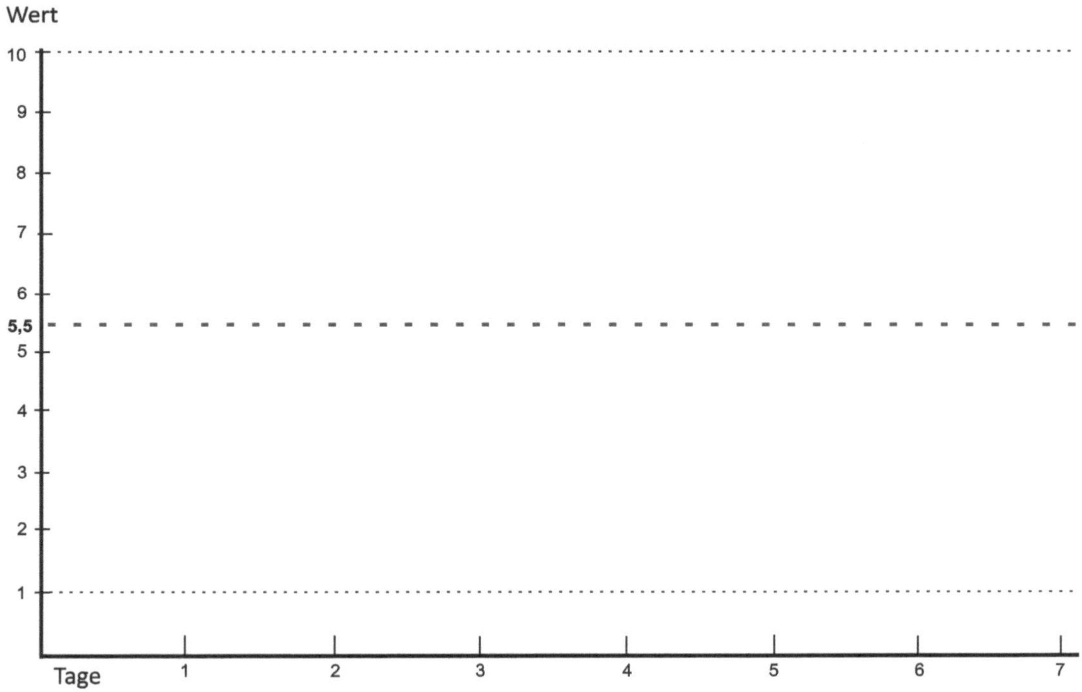

Wert

```
10 ·································································
 9
 8
 7
 6
5,5 – – – – – – – – – – – – – – – – – – – – – –
 5
 4
 3
 2
 1 ·································································
```

Tage   1   2   3   4   5   6   7

Übertrage zuerst die Tagesgesamtwertzahlen und verbinde die Punkte miteinander zu einer dicken Linie.

Trage anschließend die weiteren Werte für körperliches, emotionales, mentales Befinden sowie Schlafbefinden ein und verbinde sie ebenso zu Kurven – am besten mit verschiedenen Farbstiften oder zur Unterscheidung kenntlichen Markierungen.

Die Mittelwert ist 5,5. Liegt deine Kurve insgesamt über dieser Linie oder unter der Linie?

Gesamtdurchschnittswert der Woche für die Übungen:
Tageswerte addieren – durch 7 teilen oder der faktisch absolvierten Übungstage

Wochengesamtwert

Gesamtwert inkl. Schlafwerte ....

Wochenwert körperlich ....
Wochenwert emotional ....
Wochenwert mental ....
Wochenwert Schlaf ....

In meinem Befinden hat sich etwas verändert:

körperlich

emotional

mental

Falls ja. Welche Gründe gibt es für die Veränderung?

Ich möchte mich für die vergangene Woche besonders bedanken für:
Schau noch einmal auf deine Danksagungen. Entscheide dich für eine oder zwei Danksagungen oder schreibe etwas Neues auf, was dir einfällt:

Ich habe folgendes wirklich gut gemacht. Dafür nehme ich mich jetzt in die Arme und wertschätze mich: *Schau noch einmal auf die Tagebucheintragungen der Woche. Wähle 2 -3 Fakten aus*

Ein Ereignis hat mich besonders in meiner Alltagsroutine überrascht:
Bitte schau rückblickend auf die Frage „Überraschung"

Meine Erkenntnis aus dieser Überraschung ist....

Was mir noch wichtig ist hier einzutragen:
Brainstorming, Worte, Gedanken

Meine Essenzen/Themen der jeweiligen Tage:

Bitte trage alles, was du in Tagesessenzen aufgeschrieben hast, hier noch einmal ein:

Für mich ergibt sich ein Thema / eine Erkenntnis aus den Essenzen?

Aus dieser Erkenntnis möchte ich in den kommenden Tagen folgendes umsetzen:

To-do-Liste und wie

Meine Nacht / mein Schlaf

1	2	3	4	5	5,5	6	7	8	9	10

Zählwerte von 1- 10, die genaue Mitte ist 5,5

_____

Notizen

Ich habe den Atem-/Bodyscan mit Dehnungen und die Meditation heute gemacht:

Morgens

Uhrzeit ....   Dauer..........

Wirkungen

körperlich

1	2	3	4	5	5,5	6	7	8	9	10

....

emotional

1	2	3	4	5	5,5	6	7	8	9	10

....

mental

1	2	3	4	5	5,5	6	7	8	9	10

....

Durchschnittswert: ....

Weitere Notizen

Mittags

Uhrzeit ....   Dauer..........

Wirkungen

körperlich

1	2	3	4	5	5,5	6	7	8	9	10

....

emotional

1	2	3	4	5	5,5	6	7	8	9	10

....

mental

1	2	3	4	5	5,5	6	7	8	9	10

....

Durchschnittswert: ....

Weitere Notizen

Abends

Uhrzeit ....   Dauer..........

Wirkungen

körperlich

1	2	3	4	5	5,5	6	7	8	9	10

....

emotional

1	2	3	4	5	5,5	6	7	8	9	10

....

mental

1	2	3	4	5	5,5	6	7	8	9	10

....

Durchschnittswert: ....

Weitere Notizen

Alle Übungsdurchschnittswerte addieren   ....

inkl. Schlafwert _____

geteilt durch 4

Tagesdurchschnittswert *geteilt durch 3*
oder durch Anzahl von Übungen, falls weniger als 3

Tagesdurchschnitt körperlich [   ]   **emotional** [   ]   **mental** [   ]

Befinden im Verlaufe des Tages:

Folgende Erlebnisse/Begegnungen waren mir heute wichtig:

Überraschung! Etwas mit dem ich nicht gerechnet habe:

Ich möchte mich heute/jetzt bedanken für:

Was habe ich heute gut gemacht?

Gibt es noch etwas, was mich gedanklich festhält oder ein Problem?
Kann und muss ich das heute Abend oder heute Nacht noch lösen? Oder darf ich es erst einmal loslassen ,um neue Kräfte durch guten Schlaf zu sammeln?

Was kann ich heute aus den Erfahrungen lernen?

Das Thema / die Essenz dieses Tages:
Möglichst nur in einem Wort oder kurzem Satz

Gesamtzeit einschl. Tagebuchführung in Minuten

Keine Meinung. Die Übungen habe ich heute nicht gemacht.

Meine Nacht / mein Schlaf

1	2	3	4	5	5,5	6	7	8	9	10

Zählwerte von 1- 10, die genaue Mitte ist 5,5

Notizen

Ich habe den Atem-/Bodyscan mit Dehnungen und die Meditation heute gemacht:

Morgens
Uhrzeit ....   Dauer...........

Wirkungen

körperlich

1	2	3	4	5	5,5	6	7	8	9	10

....

emotional

1	2	3	4	5	5,5	6	7	8	9	10

....

mental

1	2	3	4	5	5,5	6	7	8	9	10

....

Durchschnittswert: ....

Weitere Notizen

Mittags
Uhrzeit ....   Dauer...........

Wirkungen

körperlich

1	2	3	4	5	5,5	6	7	8	9	10

....

emotional

1	2	3	4	5	5,5	6	7	8	9	10

....

mental

1	2	3	4	5	5,5	6	7	8	9	10

....

Durchschnittswert: ....

Weitere Notizen

Abends
Uhrzeit ....   Dauer...........

Wirkungen

körperlich

1	2	3	4	5	5,5	6	7	8	9	10

....

emotional

1	2	3	4	5	5,5	6	7	8	9	10

....

mental

1	2	3	4	5	5,5	6	7	8	9	10

....

Durchschnittswert: ....

Weitere Notizen

Alle Übungsdurchschnittswerte addieren   ....

inkl. Schlafwert _____

geteilt durch 4

Tagesdurchschnittswert *geteilt durch 3
oder durch Anzahl von Übungen, falls weniger als 3*

Tagesdurchschnitt körperlich [ ]   **emotional** [ ]   **mental** [ ]

Befinden im Verlaufe des Tages:

Folgende Erlebnisse/Begegnungen waren mir heute wichtig:

Überraschung! Etwas mit dem ich nicht gerechnet habe:

Ich möchte mich heute/jetzt bedanken für:

Was habe ich heute gut gemacht?

Gibt es noch etwas, was mich gedanklich festhält oder ein Problem?
Kann und muss ich das heute Abend oder heute Nacht noch losen? Oder darf ich es erst einmal loslassen ,um neue Kräfte durch guten Schlaf zu sammeln?

Was kann ich heute aus den Erfahrungen lernen?

Das Thema / die Essenz dieses Tages:
Möglichst nur in einem Wort oder kurzem Satz

Gesamtzeit einschl. Tagebuchführung in Minuten

Keine Meinung. Die Übungen habe ich heute nicht gemacht.

Meine Nacht / mein Schlaf | 1 | 2 | 3 | 4 | 5 | **5,5** | 6 | 7 | 8 | 9 | 10 |

_____

Zählwerte von 1- 10, die genaue Mitte ist 5,5   *Notizen*

Ich habe den Atem-/Bodyscan mit Dehnungen und die Meditation heute gemacht:

Morgens
Uhrzeit ....   Dauer...........

Wirkungen

körperlich | 1 | 2 | 3 | 4 | 5 | **5,5** | 6 | 7 | 8 | 9 | 10 | ....

emotional | 1 | 2 | 3 | 4 | 5 | **5,5** | 6 | 7 | 8 | 9 | 10 | ....

mental | 1 | 2 | 3 | 4 | 5 | **5,5** | 6 | 7 | 8 | 9 | 10 | ....

Weitere Notizen

Durchschnittswert: ....

Mittags
Uhrzeit ....   Dauer...........

Wirkungen

körperlich | 1 | 2 | 3 | 4 | 5 | **5,5** | 6 | 7 | 8 | 9 | 10 | ....

emotional | 1 | 2 | 3 | 4 | 5 | **5,5** | 6 | 7 | 8 | 9 | 10 | ....

mental | 1 | 2 | 3 | 4 | 5 | **5,5** | 6 | 7 | 8 | 9 | 10 | ....

Weitere Notizen

Durchschnittswert: ....

Abends
Uhrzeit ....   Dauer...........

Wirkungen

körperlich | 1 | 2 | 3 | 4 | 5 | **5,5** | 6 | 7 | 8 | 9 | 10 | ....

emotional | 1 | 2 | 3 | 4 | 5 | **5,5** | 6 | 7 | 8 | 9 | 10 | ....

mental | 1 | 2 | 3 | 4 | 5 | **5,5** | 6 | 7 | 8 | 9 | 10 | ....

Weitere Notizen

Durchschnittswert: ....

Alle Übungsdurchschnittswerte addieren   ....

inkl. Schlafwert _____

geteilt durch 4

Tagesdurchschnittswert *geteilt durch 3*
oder durch Anzahl von Übungen, falls weniger als 3

Tagesdurchschnitt körperlich [ ]   **emotional** [ ]   **mental** [ ]

Befinden im Verlaufe des Tages:

Folgende Erlebnisse/Begegnungen waren mir heute wichtig:

Überraschung! Etwas mit dem ich nicht gerechnet habe:

Ich möchte mich heute/jetzt bedanken für:

Was habe ich heute gut gemacht?

Gibt es noch etwas, was mich gedanklich festhält oder ein Problem?
Kann und muss ich das heute Abend oder heute Nacht noch lösen? Oder darf ich es erst einmal loslassen ,um neue Kräfte durch guten Schlaf zu sammeln?

Was kann ich heute aus den Erfahrungen lernen?

Das Thema / die Essenz dieses Tages:
Möglichst nur in einem Wort oder kurzem Satz

Gesamtzeit einschl. Tagebuchführung in Minuten

Keine Meinung. Die Übungen habe ich heute nicht gemacht.

Meine Nacht / mein Schlaf | 1 | 2 | 3 | 4 | 5 | **5,5** | 6 | 7 | 8 | 9 | 10 |

Zählwerte von 1- 10, die genaue Mitte ist 5,5   *Notizen*

Ich habe den Atem-/Bodyscan mit Dehnungen und die Meditation heute gemacht:

Morgens
Uhrzeit ....   Dauer...........
Wirkungen

Weitere Notizen

körperlich | 1 | 2 | 3 | 4 | 5 | **5,5** | 6 | 7 | 8 | 9 | 10 | ....

emotional | 1 | 2 | 3 | 4 | 5 | **5,5** | 6 | 7 | 8 | 9 | 10 | ....

mental | 1 | 2 | 3 | 4 | 5 | **5,5** | 6 | 7 | 8 | 9 | 10 | ....

Durchschnittswert: ....

Mittags
Uhrzeit ....   Dauer...........
Wirkungen

Weitere Notizen

körperlich | 1 | 2 | 3 | 4 | 5 | **5,5** | 6 | 7 | 8 | 9 | 10 | ....

emotional | 1 | 2 | 3 | 4 | 5 | **5,5** | 6 | 7 | 8 | 9 | 10 | ....

mental | 1 | 2 | 3 | 4 | 5 | **5,5** | 6 | 7 | 8 | 9 | 10 | ....

Durchschnittswert: ....

Abends
Uhrzeit ....   Dauer...........
Wirkungen

Weitere Notizen

körperlich | 1 | 2 | 3 | 4 | 5 | **5,5** | 6 | 7 | 8 | 9 | 10 | ....

emotional | 1 | 2 | 3 | 4 | 5 | **5,5** | 6 | 7 | 8 | 9 | 10 | ....

mental | 1 | 2 | 3 | 4 | 5 | **5,5** | 6 | 7 | 8 | 9 | 10 | ....

Durchschnittswert: ....

Alle Übungsdurchschnittswerte addieren   ....

inkl. Schlafwert _____

Tagesdurchschnittswert *geteilt durch 3*
oder durch Anzahl von Übungen, falls weniger als 3

geteilt durch 4

Tagesdurchschnitt körperlich [   ]   **emotional** [   ]   **mental** [   ]

Befinden im Verlaufe des Tages:

Folgende Erlebnisse/Begegnungen waren mir heute wichtig:

Überraschung! Etwas mit dem ich nicht gerechnet habe:

Ich möchte mich heute/jetzt bedanken für:

Was habe ich heute gut gemacht?

Gibt es noch etwas, was mich gedanklich festhält oder ein Problem?

Kann und muss ich das heute Abend oder heute Nacht noch lösen? Oder darf ich es erst einmal loslassen, um neue Kräfte durch guten Schlaf zu sammeln?

Was kann ich heute aus den Erfahrungen lernen?

Das Thema / die Essenz dieses Tages:

Möglichst nur in einem Wort oder kurzem Satz

Gesamtzeit einschl. Tagebuchführung in Minuten

Keine Meinung. Die Übungen habe ich heute nicht gemacht.

Meine Nacht / mein Schlaf

1	2	3	4	5	5,5	6	7	8	9	10

Zählwerte von 1- 10, die genaue Mitte ist 5,5

Notizen

Ich habe den Atem-/Bodyscan mit Dehnungen und die Meditation heute gemacht:

Morgens
Uhrzeit ....   Dauer..........

Wirkungen

Weitere Notizen

körperlich

1	2	3	4	5	5,5	6	7	8	9	10
....

emotional

1	2	3	4	5	5,5	6	7	8	9	10
....

mental

1	2	3	4	5	5,5	6	7	8	9	10
....

Durchschnittswert: ....

Mittags
Uhrzeit ....   Dauer..........

Wirkungen

Weitere Notizen

körperlich

1	2	3	4	5	5,5	6	7	8	9	10
....

emotional

1	2	3	4	5	5,5	6	7	8	9	10
....

mental

1	2	3	4	5	5,5	6	7	8	9	10
....

Durchschnittswert: ....

Abends
Uhrzeit ....   Dauer..........

Wirkungen

Weitere Notizen

körperlich

1	2	3	4	5	5,5	6	7	8	9	10
....

emotional

1	2	3	4	5	5,5	6	7	8	9	10
....

mental

1	2	3	4	5	5,5	6	7	8	9	10
....

Durchschnittswert: ....

Alle Übungsdurchschnittswerte addieren   ....

inkl. Schlafwert _____

geteilt durch 4

Tagesdurchschnittswert *geteilt durch 3*
oder durch Anzahl von Übungen, falls weniger als 3

Tagesdurchschnitt körperlich [ ]   **emotional** [ ]   **mental** [ ]

Befinden im Verlaufe des Tages:

Folgende Erlebnisse/Begegnungen waren mir heute wichtig:

Überraschung! Etwas mit dem ich nicht gerechnet habe:

Ich möchte mich heute/jetzt bedanken für:

Was habe ich heute gut gemacht?

Gibt es noch etwas, was mich gedanklich festhält oder ein Problem?

Kann und muss ich das heute Abend oder heute Nacht noch losen? Oder darf ich es erst einmal loslassen ,um neue Kräfte durch guten Schlaf zu sammeln?

Was kann ich heute aus den Erfahrungen lernen?

Das Thema / die Essenz dieses Tages:

Möglichst nur in einem Wort oder kurzem Satz

Gesamtzeit einschl. Tagebuchführung in Minuten

Keine Meinung. Die Übungen habe ich heute nicht gemacht.

Meine Nacht / mein Schlaf

1	2	3	4	5	5,5	6	7	8	9	10

Zählwerte von 1- 10, die genaue Mitte ist 5,5   _Notizen_

Ich habe den Atem-/Bodyscan mit Dehnungen und die Meditation heute gemacht:

Morgens
Uhrzeit ....   Dauer..........

Wirkungen

körperlich

1	2	3	4	5	5,5	6	7	8	9	10

....

emotional

1	2	3	4	5	5,5	6	7	8	9	10

....

mental

1	2	3	4	5	5,5	6	7	8	9	10

....

Weitere Notizen

Durchschnittswert: ....

Mittags
Uhrzeit ....   Dauer..........

Wirkungen

körperlich

1	2	3	4	5	5,5	6	7	8	9	10

....

emotional

1	2	3	4	5	5,5	6	7	8	9	10

....

mental

1	2	3	4	5	5,5	6	7	8	9	10

....

Weitere Notizen

Durchschnittswert: ....

Abends
Uhrzeit ....   Dauer..........

Wirkungen

körperlich

1	2	3	4	5	5,5	6	7	8	9	10

....

emotional

1	2	3	4	5	5,5	6	7	8	9	10

....

mental

1	2	3	4	5	5,5	6	7	8	9	10

....

Weitere Notizen

Durchschnittswert: ....

Alle Übungsdurchschnittswerte addieren   ....

Tagesdurchschnittswert _geteilt durch 3_
oder durch Anzahl von Übungen, falls weniger als 3

inkl. Schlafwert _____

geteilt durch 4

Tagesdurchschnitt körperlich [   ]   **emotional** [   ]   **mental** [   ]

Befinden im Verlaufe des Tages:

Folgende Erlebnisse/Begegnungen waren mir heute wichtig:

Überraschung! Etwas mit dem ich nicht gerechnet habe:

Ich möchte mich heute/jetzt bedanken für:

Was habe ich heute gut gemacht?

Gibt es noch etwas, was mich gedanklich festhält oder ein Problem?
Kann und muss ich das heute Abend oder heute Nacht noch lösen? Oder darf ich es erst einmal loslassen ,um neue Kräfte durch guten Schlaf zu sammeln?

Was kann ich heute aus den Erfahrungen lernen?

Das Thema / die Essenz dieses Tages:
Möglichst nur in einem Wort oder kurzem Satz

Gesamtzeit einschl. Tagebuchführung in Minuten

Keine Meinung. Die Übungen habe ich heute nicht gemacht.

Meine Nacht / mein Schlaf

1	2	3	4	5	5,5	6	7	8	9	10

Zählwerte von 1- 10, die genaue Mitte ist 5,5

_____

Notizen

Ich habe den Atem-/Bodyscan mit Dehnungen und die Meditation heute gemacht:

Morgens

Uhrzeit ....   Dauer..........

Wirkungen

Weitere Notizen

körperlich

| 1 | 2 | 3 | 4 | 5 | 5,5 | 6 | 7 | 8 | 9 | 10 |
|---|---|---|---|---|-----|---|---|---|---|----| ....

emotional

| 1 | 2 | 3 | 4 | 5 | 5,5 | 6 | 7 | 8 | 9 | 10 |
|---|---|---|---|---|-----|---|---|---|---|----| ....

mental

| 1 | 2 | 3 | 4 | 5 | 5,5 | 6 | 7 | 8 | 9 | 10 |
|---|---|---|---|---|-----|---|---|---|---|----| ....

Durchschnittswert: ....

Mittags

Uhrzeit ....   Dauer..........

Wirkungen

Weitere Notizen

körperlich

| 1 | 2 | 3 | 4 | 5 | 5,5 | 6 | 7 | 8 | 9 | 10 |
|---|---|---|---|---|-----|---|---|---|---|----| ....

emotional

| 1 | 2 | 3 | 4 | 5 | 5,5 | 6 | 7 | 8 | 9 | 10 |
|---|---|---|---|---|-----|---|---|---|---|----| ....

mental

| 1 | 2 | 3 | 4 | 5 | 5,5 | 6 | 7 | 8 | 9 | 10 |
|---|---|---|---|---|-----|---|---|---|---|----| ....

Durchschnittswert: ....

Abends

Uhrzeit ....   Dauer..........

Wirkungen

Weitere Notizen

körperlich

| 1 | 2 | 3 | 4 | 5 | 5,5 | 6 | 7 | 8 | 9 | 10 |
|---|---|---|---|---|-----|---|---|---|---|----| ....

emotional

| 1 | 2 | 3 | 4 | 5 | 5,5 | 6 | 7 | 8 | 9 | 10 |
|---|---|---|---|---|-----|---|---|---|---|----| ....

mental

| 1 | 2 | 3 | 4 | 5 | 5,5 | 6 | 7 | 8 | 9 | 10 |
|---|---|---|---|---|-----|---|---|---|---|----| ....

Durchschnittswert: ....

Alle Übungsdurchschnittswerte addieren   ....

inkl. Schlafwert _____

geteilt durch 4

Tagesdurchschnittswert *geteilt durch 3*
oder durch Anzahl von Übungen, falls weniger als 3

Tagesdurchschnitt körperlich ____   **emotional** ____   **mental** ____

Befinden im Verlaufe des Tages:

Folgende Erlebnisse/Begegnungen waren mir heute wichtig:

Überraschung! Etwas mit dem ich nicht gerechnet habe:

Ich möchte mich heute/jetzt bedanken für:

Was habe ich heute gut gemacht?

Gibt es noch etwas, was mich gedanklich festhält oder ein Problem?
Kann und muss ich das heute Abend oder heute Nacht noch losen? Oder darf ich es erst einmal loslassen ,um neue Kräfte durch guten Schlaf zu sammeln?

Was kann ich heute aus den Erfahrungen lernen?

Das Thema / die Essenz dieses Tages:
Möglichst nur in einem Wort oder kurzem Satz

Gesamtzeit einschl. Tagebuchführung in Minuten

Keine Meinung. Die Übungen habe ich heute nicht gemacht.

Wie viel Zeit habe ich insgesamt für die Übungen
inkl. der abendlichen Tagebuchführung investiert?

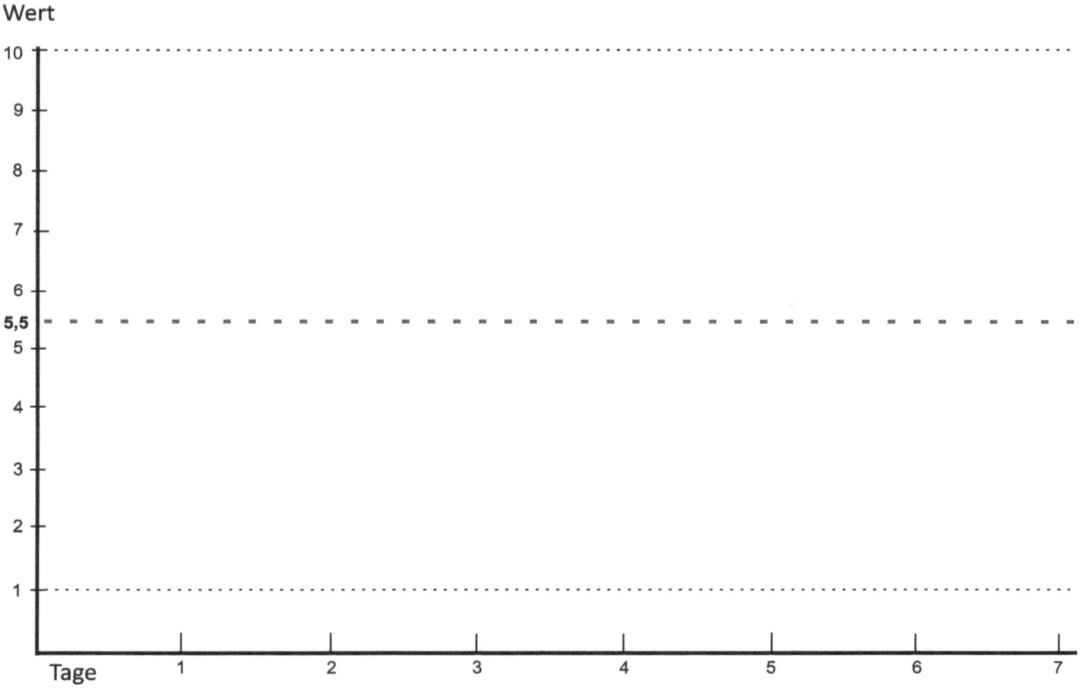

Wert

10

9

8

7

6

5,5

5

4

3

2

1

Tage   1   2   3   4   5   6   7

Übertrage zuerst die Tagesgesamtwertzahlen und verbinde die Punkte miteinander zu einer dicken Linie.

Trage anschließend die weiteren Werte für körperliches, emotionales, mentales Befinden sowie Schlafbefinden ein und verbinde sie ebenso zu Kurven – am besten mit verschiedenen Farbstiften oder zur Unterscheidung kenntlichen Markierungen.

Die Mittelwert ist 5,5. Liegt deine Kurve insgesamt über dieser Linie oder unter der Linie?

Gesamtdurchschnittswert der Woche für die Übungen:
Tageswerte addieren − durch 7 teilen oder der faktisch absolvierten Übungstage

Wochengesamtwert

Gesamtwert inkl. Schlafwerte   ....

Wochenwert körperlich   ....
Wochenwert emotional   ....
Wochenwert mental   ....
Wochenwert Schlaf   ....

In meinem Befinden hat sich etwas verändert:

körperlich

emotional

mental

Falls ja. Welche Gründe gibt es für die Veränderung?

Ich möchte mich für die vergangene Woche besonders bedanken für:
Schau noch einmal auf deine Danksagungen. Entscheide dich für eine oder zwei Danksagungen oder schreibe etwas Neues auf, was dir einfällt:

Ich habe folgendes wirklich gut gemacht. Dafür nehme ich mich jetzt in die Arme und wert-
schätze mich: *Schau noch einmal auf die Tagebucheintragungen der Woche. Wähle 2 -3 Fakten aus*

Ein Ereignis hat mich besonders in meiner Alltagsroutine überrascht:
Bitte schau rückblickend auf die Frage „Überraschung"

Meine Erkenntnis aus dieser Überraschung ist....

Was mir noch wichtig ist hier einzutragen:
Brainstorming, Worte, Gedanken

Meine Essenzen/Themen der jeweiligen Tage:

Bitte trage alles, was du in Tagesessenzen aufgeschrieben hast, hier noch einmal ein:

Für mich ergibt sich ein Thema / eine Erkenntnis aus den Essenzen?

Aus dieser Erkenntnis möchte ich in den kommenden Tagen folgendes umsetzen:

To-do-Liste und wie

121

Dein Atem

Der zentrale Schlüssel zur Bewusstheit

Auszüge aus meinen Büchern:
„Richtig atmen – gesünder leben"(1996),
„ATEM KÖRPER BEWUSSTSEIN" (2016, überarbeite Auflage Frühjahr 2019)
„Atme dich frei" (August 2018)
„BEAP – der bewusstseinserweiternde Atemprozess"
Buch und CD (Frühjahr 2019)

Die acht Wirkungen guter Atmung
© nach Trusheim

- Bessere Zellstofftätigkeit
- Größte innere Organmassage
- Verbesserung der Stimme
- Bessere Kommunikation mit Mensch und Umwelt
- Verbindung von Bewusstsein und Unterbewusstsein
- Besseres Gefühlserleben
- Mentale Verbesserung
- Dynamisierung des Kreislaufs

Atem ist Leben! Ohne Nahrung kannst du einige Wochen überleben, ohne Flüssigkeit einige Tage, ohne zu atmen jedoch nur wenige Minuten. Die Atmung ist darum mit Abstand die wichtigste Lebensfunktion. Das Wissen um die Heilkraft des Atmens ist bereits jahrtausendealt. In einer Zeit, in der immer mehr Menschen „in Atem gehalten" sind bzw. sich in Atem halten lassen, ist es wichtig, wieder gut „frei aufzuatmen" und frei durchzuatmen. Denn wer über „einen langen Atem" verfügt und manche Dinge „in einem Atemzug" erledigen kann, verfügt über Gelassenheit, Ausdauer und Kraft. Der Schlüssel zum Leben liegt in der Qualität der Atmung, nicht unbedingt in der Quantität. Die Art und Weise, wie du atmest und das wichtigste Lebensmittel Luft, hier Sauerstoff, aufnimmst und verwertest, entscheidet über dein körperliches, mentales und seelisches Befinden. 16 Mal in der Minute und bis zu 26.000 Male am Tag holst du Luft – atmest du ein und aus. Dabei kommunizierst du mit der Außenwelt auf einer Lungenoberfläche, den Lungenbläschen von 80 bis 120 qm. Das ist ungefähr die Größe eines Badminton- oder Tennisfeldes für Einzel. Wenn du diese wichtigste Lebensfunktion nur um 10 % verbesserst, atmest du in einem Jahr etwa 430.000 Liter mehr Luft ein und aus – das ist das Volumen eines Heißluftballons, das dir zur Verfügung steht! Körperlich – seelisch – geistig!

Nirgendwo sind körperliche, seelische und mentale Prozesse so eng verknüpft wie beim bewussten Atmen. Hinweise findet man in der Schöpfungsgeschichte und in der Begriffsentstehung des Wortes „Atem". Gott habe eine aus einem Erdenkloß geformte Menschengestalt erst dadurch erweckt, indem er ihr seinen Odem – Atem – durch die Nase einblies. Im indischen Begriff „atman" = Seele, Weltenseele steckt das Wort Atem. „Pneuma" im Griechischen bedeutet Atem und Geist. „Pneuma hagion", der Heilige Geist, ist somit der heilige Atem. Ebenso bezeichneten die Griechen den wichtigsten Atemmuskel, das Zwerchfell („diaphragma") als den „Sitz der Seele". Im Althebräischen steht das Wort „ruach" gleichzeitig für Atem, Wind, Hauch, Geist und Gott. Schon hier zeigt sich: Seelische und spirituelle Entwicklung haben immer eine Verankerung im Körperlichen, speziell im bewussten Atmen. Hier macht der Mensch die Grunderfahrung mit dem Lebensgesetz der Polarität, und zwar durch Einatmung und Ausatmung. Gleichzeitig kann er diese Polarität als Rhythmus und als ein Ganzes erleben – und damit Dualität überwinden. Dies ist ein zentraler Schlüssel spiritueller Entwicklung.

Die Regulation der Atmung

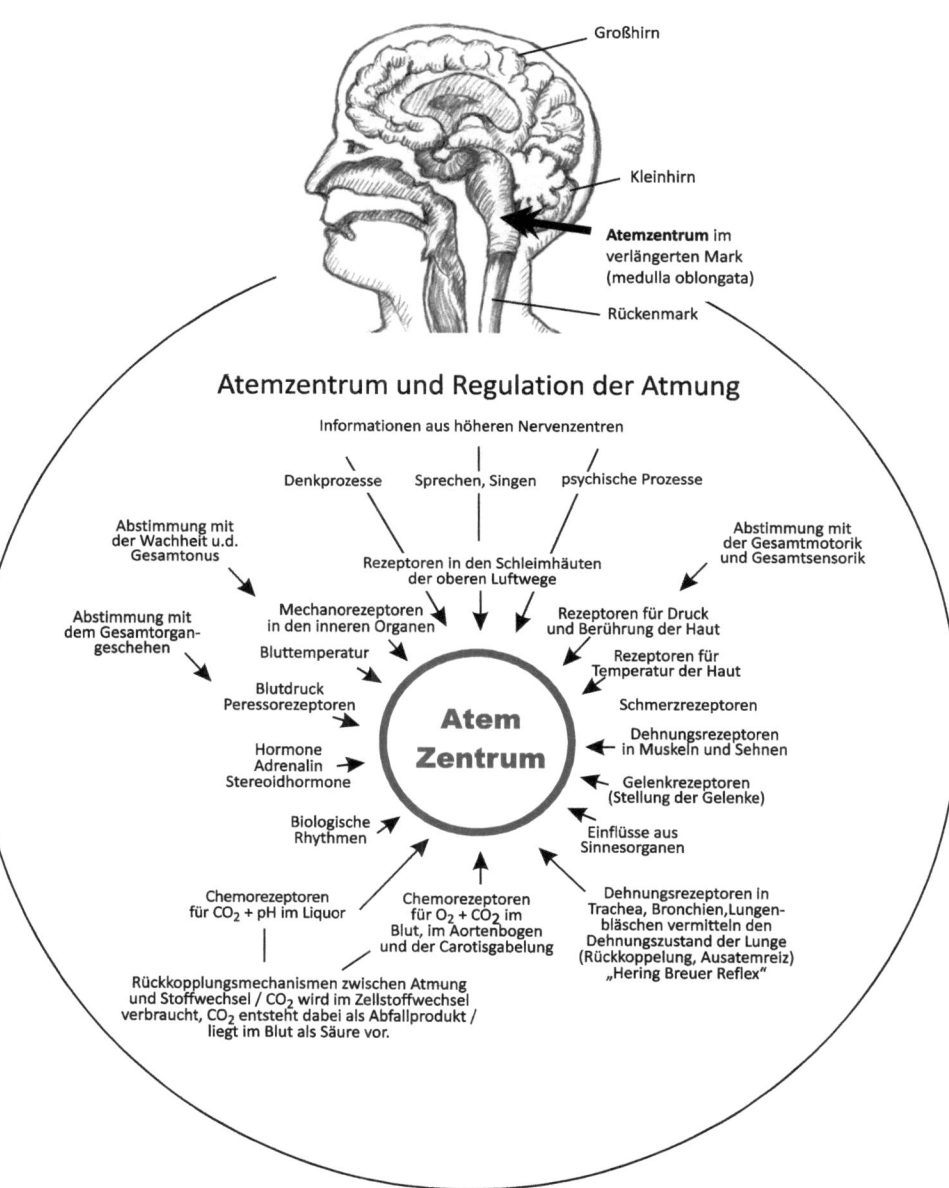

Großhirn

Kleinhirn

Atemzentrum im verlängerten Mark (medulla oblongata)

Rückenmark

Atemzentrum und Regulation der Atmung

Informationen aus höheren Nervenzentren

Denkprozesse   Sprechen, Singen   psychische Prozesse

Abstimmung mit der Wachheit u.d. Gesamtonus

Abstimmung mit der Gesamtmotorik und Gesamtsensorik

Rezeptoren in den Schleimhäuten der oberen Luftwege

Abstimmung mit dem Gesamtorgangeschehen

Mechanorezeptoren in den inneren Organen

Bluttemperatur

Blutdruck Peressorezeptoren

Hormone Adrenalin Stereoidhormone

Biologische Rhythmen

Rezeptoren für Druck und Berührung der Haut

Rezeptoren für Temperatur der Haut

Schmerzrezeptoren

Dehnungsrezeptoren in Muskeln und Sehnen

Gelenkrezeptoren (Stellung der Gelenke)

Einflüsse aus Sinnesorganen

Atem Zentrum

Chemorezeptoren für CO_2 + pH im Liquor

Chemorezeptoren für O_2 + CO_2 im Blut, im Aortenbogen und der Carotisgabelung

Dehnungsrezeptoren in Trachea, Bronchien, Lungenbläschen vermitteln den Dehnungszustand der Lunge (Rückkoppelung, Ausatemreiz) „Hering Breuer Reflex"

Rückkopplungsmechanismen zwischen Atmung und Stoffwechsel / CO_2 wird im Zellstoffwechsel verbraucht, CO_2 entsteht dabei als Abfallprodukt / liegt im Blut als Säure vor.

Atemfakten:

Anzahl der Lungenbläschen	**30 000 000**
Oberfläche der Lunge	**80 - 120 qm** / Größe von Tennisfeld Einzel
Zusammensetzung der Atemluft Einatemluft	21 % Sauerstoff, 78 % Stickstoff, 0,97 % Edelgase (Argon und andere), 0,03 % Kohlendioxid
--- Ausatemluft	--- **16 % Sauerstoff**, 4 % Kohlendioxid, 78 % Stickstoff, 2 % Edelgase
Sauerstoffaufnahme	**4 %**, 7 % bei Hochleistungssportler, 3 % bei Menschen, die sich kaum bewegen
Atemzüge pro Minute Neugeborene beim Erwachsenen in Ruhe bei tiefer Entspannung (z. B. Autogenes Training, Zen-Meditation, Yoga)	 35 - 50 **14 - 20** 6 - 10
Atemzüge am Tage	24 000 - 26 000
Atemzüge pro Jahr	Ca. 8 600 000 bis 9 000 000
Luftvolumen pro Atemzug	**0,5 Liter**
Zusätzliches Luftvolumen **Vitalkapazität**	**1,5 - 2 Liter** bei stärkster Ein- und Ausatmung. Maßstab für körperliches Leistungsvermögen; ist unabhängig von Geschlecht, Veranlagung und körperlicher Tätigkeit
Sportler können über eine Vitalkapazität von 5 - 6 Litern verfügen!	
Restvolumen	Bei stärkster Ausatmung bleiben noch 1,2 Liter in den Lungen zurück
Luftverbrauch pro Minute	8 Liter, 80 Liter bei schnellem Jogging, bis zu 140 Liter bei einem Wettkampfruderer
Luftverbrauch pro Tag	12 000 Liter
Luftverbrauch pro Jahr	Ca. 4 300 00 Liter Das Volumen von ca. 5 Heißluftballons
Schadstoffausscheidung des Körpers über Atem über Haut über Harn über Stuhl (Verdauung)	 **70 %** 20 % 7 % 3 %
Verbesserung der Atmung um nur 10 %	Du atmest jedes Jahr 430 000 Liter mehr Luft ein und aus. Das ist Größe eines kleinen Heißluftballons

Der BEAP ist ein „**Bewusstseins-Erweiternder-Atem-Prozess**". Mit dem BEAP schaltest du deinen Kopf frei. Es ist ein „Reset" für deine Gedanken und Gefühle. Du kommst wieder wirklich bei dir an. Die zentrale Kraft spielt dabei die Atmung. Diese wird von zwei verschiedenen Nervensystemen gesteuert. Vorwiegend über das Vegetative Nervensystem (VNS), auch als Autonomes Nervensystem bezeichnet, welches die gesamte Tätigkeit der Organe automatisch steuert. Aber gleichzeitig kann sie auch von dem Zentralen Nervensystem (ZNS) geleitet werden, welches für unsere bewusste Motorik zuständig ist, z. B. willentlich die Luft anzuhalten oder den Atemrhythmus zu steuern und die Atmung wahrzunehmen. Das ist einzigartig bei allen Organfunktionen! Damit bildet die bewusste Atmung die Brücke und den Zugang zu dem großen Potenzial unbewusster Ressourcen. Durch eine spezielle Körper- und Atementspannungstechnik und eine auf den Prozess speziell abgestimmte komponierte Musik wird ein tiefer entspannter Bewusstseinszustand ermöglicht, in dem du dich intensiv selbst erfährst und der dich zur eigenen inneren Klarheit und Weisheit führen kann. Der BEAP fördert einen lebendigen Persönlichkeits- und Wachstumsprozess. Er ist eine Form der Meditation, eines Achtsamkeitsprozesses mit Momenten tiefer Besinnung und Erkenntnis. Jeder BEAP ist immer wieder anders und neu erlebbar, je nach Befinden und Fragestellungen. Und das ist das Spannende! Dein riesiges Unbewusstes geht jedes Mal in andere Resonanzen, um wertvolle Schätze zu bergen. Auf die eigene innere Intelligenz vertrauend bekommst du genau die wichtige Erfahrung, die dir in diesem Moment zu mehr Wachstum und Selbstheilung verhilft. Ich führe dich auf der BEAP-CD durch die einzelnen Phasen. Die im Hintergrund zu hörende komponierte Musik unterstützt dich, dich noch tiefer einzulassen, zu entspannen, deinem Atem zu folgen und ihm zu vertrauen. Ziel des BEAP ist die Erweiterung des Bewusstseins auf körperlicher Ebene (= Körperbewusstsein) und mentaler Ebene (= geistige und spirituelle Entwicklung) sowie die Befreiung und Entdeckung verborgener Ressourcen. Es ist insbesondere für die eigene Übung zu Hause konzipiert, jedoch ist eine einmalige Einführung in einem Gruppensetting von Vorteil.

Im Rhythmus bleiben

Die Atmung ist fließend. Einatmen und ausatmen, aufnehmen und abgeben bestimmen den Rhythmus der Atmung. Das Vorhandensein dieser Pole und ihrer gegenseitigen Anziehung bringt Leben und Bewegung hervor. Alles Leben vollzieht sich in Rhythmen. Betrachte die Naturkreisläufe. Dort findest du genaue Rhythmen, die auf die Minute genau bestimmt werden können: Sonne-/Mondphasen, Ebbe-/Flutphasen etc. Als Mensch bist du ebenso noch in viele andere Rhythmen eingebunden z. B. in Form von Herzschlägen, Organrhythmen (Organuhr der jeweiligen Organe), Puls, Hormone etc.

Jede Phase hat eine bestimmte Funktion und Bedeutung. Am Atemrhythmus kann man sehr gut erkennen, in welchem körperlichen und seelischen Zustand sich ein Mensch gerade befindet.

Im Atemrhythmus sind vier Phasen zu beobachten:

1. Einatmung (EA)
2. Einatemkonzentration – höchster Punkt der Einatmung (EK)
3. Ausatmung (AA)
4. Atemruhe (AR) – tiefster Punkt der Ausatmung

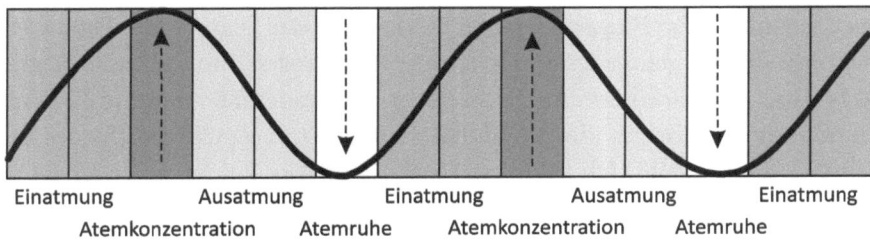

| Einatmung | Ausatmung | Einatmung | Ausatmung | Einatmung |
| Atemkonzentration | Atemruhe | Atemkonzentration | Atemruhe | |

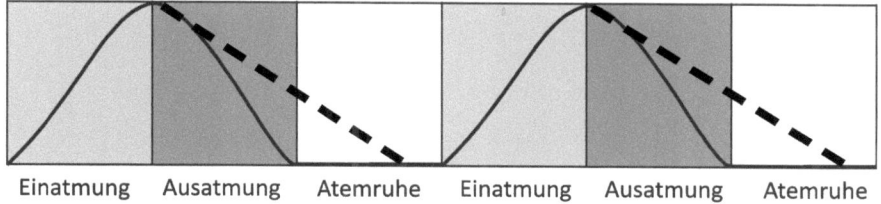

Einatmung   Ausatmung   Atemruhe   Einatmung   Ausatmung   Atemruhe

Mit Verlängerung der Ausatmung im Dreier-Atemrhythmus kannst du dich noch tiefer entspannen und zur Ruhe finden!

Je nach Stimmung, Gedanken und der Form der körperlichen, mentalen Aktivität, emotionalen Befinden und weiteren Reizen ändert sich die Dauer und Intensität einzelner Phasen. Wenn sich die Atmung in den oben beschriebenen Rhythmen befindet, fühlst du dich ausgesprochen wohl. Dein Rhythmus nähert sich dabei den Rhythmen der Naturkreisläufe. Dein Raum- und Zeitgefühl wird freier. Du bist offen und klar – sozusagen im „Flow". Das wäre der Idealrhythmus, der aber nur selten über längere Zeit zu halten ist. Fehlen eine oder mehrere Phasen oder sind diese im Ablauf vollkommen anders ausgeprägt, fällst du aus diesem Rhythmus. Das ist absolut normal. *Wenn sich jedoch deine Atemweise nicht mehrmals am Tage für eine gewisse Zeit in diese oben genannten Rhythmen zurückpendelt, so ist eine Störung vorhanden.* Über einen längeren Zeitraum hinweg kann das zu Entwicklungs- und Leistungseinschränkungen auf körperlicher, mentaler und seelischer Ebene führen. In den Tiefschlafphasen in der Nacht gleichen sich jedoch viele Atemdysbalancen des Tages wieder aus. In Abschaltung des Wachbewusstseins finden wir in einen tiefen erholsamen Atemrhythmus zurück.

Variation und Intensivierung
der Meditationsübung

Atme durch die Nase ein. Spüre, wie die Luft durch die beiden Nasengänge nach innen strömt. Anschließend atme durch den Mund durch leicht geschlossene Lippen sanft mit langem hörbaren „bfffffffffff" aus, so, wie ein Raucher, der genußvoll den Rauch in einen sichtbaren feinen Strom formt.

„ES ATMET"

Den Atem nur beobachten. Spüre, wie der Atem von selbst kommt und wieder geht. Die Atmung ist eine autonome Funktion. Warte und horche nach der Ausatmung in dich hinein, wann der Impuls von innen kommt, wieder einzuatmen. Und wenn du eingeatmet bist, wann der Impuls kommt, auszuatmen. Alles geschieht ohne dein Zutun von selbst. Das ist das Geheimnis tiefer Atem- und Rhythmuserfahrung.

Meine Nacht / mein Schlaf

1	2	3	4	5	5,5	6	7	8	9	10

Zählwerte von 1- 10, die genaue Mitte ist 5,5

_____
Notizen

Ich habe den Atem-/Bodyscan mit Dehnungen und die Meditation heute gemacht:

Morgens
Uhrzeit .... Dauer..........
Wirkungen

körperlich

| 1 | 2 | 3 | 4 | 5 | 5,5 | 6 | 7 | 8 | 9 | 10 | ....
|---|---|---|---|---|-----|---|---|---|---|----|

emotional

| 1 | 2 | 3 | 4 | 5 | 5,5 | 6 | 7 | 8 | 9 | 10 | ....
|---|---|---|---|---|-----|---|---|---|---|----|

mental

| 1 | 2 | 3 | 4 | 5 | 5,5 | 6 | 7 | 8 | 9 | 10 | ....
|---|---|---|---|---|-----|---|---|---|---|----|

Weitere Notizen

Durchschnittswert: ....

Mittags
Uhrzeit .... Dauer..........
Wirkungen

körperlich

| 1 | 2 | 3 | 4 | 5 | 5,5 | 6 | 7 | 8 | 9 | 10 | ....
|---|---|---|---|---|-----|---|---|---|---|----|

emotional

| 1 | 2 | 3 | 4 | 5 | 5,5 | 6 | 7 | 8 | 9 | 10 | ....
|---|---|---|---|---|-----|---|---|---|---|----|

mental

| 1 | 2 | 3 | 4 | 5 | 5,5 | 6 | 7 | 8 | 9 | 10 | ....
|---|---|---|---|---|-----|---|---|---|---|----|

Weitere Notizen

Durchschnittswert: ....

Abends
Uhrzeit .... Dauer..........
Wirkungen

körperlich

| 1 | 2 | 3 | 4 | 5 | 5,5 | 6 | 7 | 8 | 9 | 10 | ....
|---|---|---|---|---|-----|---|---|---|---|----|

emotional

| 1 | 2 | 3 | 4 | 5 | 5,5 | 6 | 7 | 8 | 9 | 10 | ....
|---|---|---|---|---|-----|---|---|---|---|----|

mental

| 1 | 2 | 3 | 4 | 5 | 5,5 | 6 | 7 | 8 | 9 | 10 | ....
|---|---|---|---|---|-----|---|---|---|---|----|

Weitere Notizen

Durchschnittswert: ....

Alle Übungsdurchschnittswerte addieren   ....

Tagesdurchschnittswert   *geteilt durch 3*
oder durch Anzahl von Übungen, falls weniger als 3

inkl. Schlafwert _____

geteilt durch 4

Tagesdurchschnitt körperlich ☐   **emotional** ☐   **mental** ☐

Befinden im Verlaufe des Tages:

Folgende Erlebnisse/Begegnungen waren mir heute wichtig:

Überraschung! Etwas mit dem ich nicht gerechnet habe:

Ich möchte mich heute/jetzt bedanken für:

Was habe ich heute gut gemacht?

Gibt es noch etwas, was mich gedanklich festhält oder ein Problem?

Kann und muss ich das heute Abend oder heute Nacht noch lösen? Oder darf ich es erst einmal loslassen ,um neue Kräfte durch guten Schlaf zu sammeln?

Was kann ich heute aus den Erfahrungen lernen?

Das Thema / die Essenz dieses Tages:

Möglichst nur in einem Wort oder kurzem Satz

Gesamtzeit einschl. Tagebuchführung in Minuten

Keine Meinung. Die Übungen habe ich heute nicht gemacht.

Meine Nacht / mein Schlaf

| 1 | 2 | 3 | 4 | 5 | 5,5 | 6 | 7 | 8 | 9 | 10 |

Zahlwerte von 1- 10, die genaue Mitte ist 5,5

Notizen

Ich habe den Atem-/Bodyscan mit Dehnungen und die Meditation heute gemacht:

Morgens

Uhrzeit ....   Dauer...........

Wirkungen

körperlich

| 1 | 2 | 3 | 4 | 5 | 5,5 | 6 | 7 | 8 | 9 | 10 | ....

emotional

| 1 | 2 | 3 | 4 | 5 | 5,5 | 6 | 7 | 8 | 9 | 10 | ....

mental

| 1 | 2 | 3 | 4 | 5 | 5,5 | 6 | 7 | 8 | 9 | 10 | ....

Weitere Notizen

Durchschnittswert: ....

Mittags

Uhrzeit ....   Dauer...........

Wirkungen

körperlich

| 1 | 2 | 3 | 4 | 5 | 5,5 | 6 | 7 | 8 | 9 | 10 | ....

emotional

| 1 | 2 | 3 | 4 | 5 | 5,5 | 6 | 7 | 8 | 9 | 10 |

mental

| 1 | 2 | 3 | 4 | 5 | 5,5 | 6 | 7 | 8 | 9 | 10 | ....

Weitere Notizen

Durchschnittswert: ....

Abends

Uhrzeit ....   Dauer...........

Wirkungen

körperlich

| 1 | 2 | 3 | 4 | 5 | 5,5 | 6 | 7 | 8 | 9 | 10 | ....

emotional

| 1 | 2 | 3 | 4 | 5 | 5,5 | 6 | 7 | 8 | 9 | 10 |

mental

| 1 | 2 | 3 | 4 | 5 | 5,5 | 6 | 7 | 8 | 9 | 10 | ....

Weitere Notizen

Durchschnittswert: ....

Alle Übungsdurchschnittswerte addieren   ....

inkl. Schlafwert _____

geteilt durch 4

Tagesdurchschnittswert *geteilt durch 3*
oder durch Anzahl von Übungen, falls weniger als 3

Tagesdurchschnitt körperlich   **emotional**   **mental**

Befinden im Verlaufe des Tages:

Folgende Erlebnisse/Begegnungen waren mir heute wichtig:

Überraschung! Etwas mit dem ich nicht gerechnet habe:

Ich möchte mich heute/jetzt bedanken für:

Was habe ich heute gut gemacht?

Gibt es noch etwas, was mich gedanklich festhält oder ein Problem?

Kann und muss ich das heute Abend oder heute Nacht noch lösen? Oder darf ich es erst einmal loslassen ,um neue Kräfte durch guten Schlaf zu sammeln?

Was kann ich heute aus den Erfahrungen lernen?

Das Thema / die Essenz dieses Tages:

Möglichst nur in einem Wort oder kurzem Satz

Gesamtzeit einschl. Tagebuchführung in Minuten

Keine Meinung. Die Übungen habe ich heute nicht gemacht.

135

Meine Nacht / mein Schlaf

1	2	3	4	5	5,5	6	7	8	9	10

Zählwerte von 1- 10, die genaue Mitte ist 5,5

Notizen

Ich habe den Atem-/Bodyscan mit Dehnungen und die Meditation heute gemacht:

Morgens

Uhrzeit ....   Dauer...........

Wirkungen

körperlich

1	2	3	4	5	5,5	6	7	8	9	10

....

emotional

1	2	3	4	5	5,5	6	7	8	9	10

....

mental

1	2	3	4	5	5,5	6	7	8	9	10

....

Weitere Notizen

Durchschnittswert: ....

Mittags

Uhrzeit ....   Dauer...........

Wirkungen

körperlich

1	2	3	4	5	5,5	6	7	8	9	10

....

emotional

1	2	3	4	5	5,5	6	7	8	9	10

....

mental

1	2	3	4	5	5,5	6	7	8	9	10

....

Weitere Notizen

Durchschnittswert: ....

Abends

Uhrzeit ....   Dauer...........

Wirkungen

körperlich

1	2	3	4	5	5,5	6	7	8	9	10

....

emotional

1	2	3	4	5	5,5	6	7	8	9	10

....

mental

1	2	3	4	5	5,5	6	7	8	9	10

....

Weitere Notizen

Durchschnittswert: ....

Alle Übungsdurchschnittswerte addieren

....

Tagesdurchschnittswert *geteilt durch 3*
oder durch Anzahl von Übungen, falls weniger als 3

inkl. Schlafwert _____

geteilt durch 4

Tagesdurchschnitt körperlich   **emotional**   **mental**

Befinden im Verlaufe des Tages:

Folgende Erlebnisse/Begegnungen waren mir heute wichtig:

Überraschung! Etwas mit dem ich nicht gerechnet habe:

Ich möchte mich heute/jetzt bedanken für:

Was habe ich heute gut gemacht?

Gibt es noch etwas, was mich gedanklich festhält oder ein Problem?

Kann und muss ich das heute Abend oder heute Nacht noch lösen? Oder darf ich es erst einmal loslassen ,um neue Krafte durch guten Schlaf zu sammeln?

Was kann ich heute aus den Erfahrungen lernen?

Das Thema / die Essenz dieses Tages:

Möglichst nur in einem Wort oder kurzem Satz

Gesamtzeit einschl. Tagebuchführung in Minuten

Keine Meinung. Die Übungen habe ich heute nicht gemacht.

Meine Nacht / mein Schlaf

1	2	3	4	5	5,5	6	7	8	9	10

Zählwerte von 1- 10, die genaue Mitte ist 5,5

Notizen

Ich habe den Atem-/Bodyscan mit Dehnungen und die Meditation heute gemacht:

Morgens

Uhrzeit ....   Dauer...........

Wirkungen

Weitere Notizen

körperlich

1	2	3	4	5	5,5	6	7	8	9	10

....

emotional

1	2	3	4	5	5,5	6	7	8	9	10

....

mental

1	2	3	4	5	5,5	6	7	8	9	10

....

Durchschnittswert: ....

Mittags

Uhrzeit ....   Dauer...........

Wirkungen

Weitere Notizen

körperlich

1	2	3	4	5	5,5	6	7	8	9	10

....

emotional

1	2	3	4	5	5,5	6	7	8	9	10

....

mental

1	2	3	4	5	5,5	6	7	8	9	10

....

Durchschnittswert: ....

Abends

Uhrzeit ....   Dauer...........

Wirkungen

Weitere Notizen

körperlich

1	2	3	4	5	5,5	6	7	8	9	10

....

emotional

1	2	3	4	5	5,5	6	7	8	9	10

....

mental

1	2	3	4	5	5,5	6	7	8	9	10

....

Durchschnittswert: ....

Alle Übungsdurchschnittswerte addieren   ....

inkl. Schlafwert _____

geteilt durch 4

Tagesdurchschnittswert   *geteilt durch 3*
oder durch Anzahl von Übungen, falls weniger als 3

Tagesdurchschnitt körperlich [ ]   **emotional** [ ]   **mental** [ ]

Befinden im Verlaufe des Tages:

Folgende Erlebnisse/Begegnungen waren mir heute wichtig:

Überraschung! Etwas mit dem ich nicht gerechnet habe:

Ich möchte mich heute/jetzt bedanken für:

Was habe ich heute gut gemacht?

Gibt es noch etwas, was mich gedanklich festhält oder ein Problem?

Kann und muss ich das heute Abend oder heute Nacht noch lösen? Oder darf ich es erst einmal loslassen ‚um neue Kräfte durch guten Schlaf zu sammeln?

Was kann ich heute aus den Erfahrungen lernen?

Das Thema / die Essenz dieses Tages:

Möglichst nur in einem Wort oder kurzem Satz

Gesamtzeit einschl. Tagebuchführung in Minuten

Keine Meinung. Die Übungen habe ich heute nicht gemacht.

Meine Nacht / mein Schlaf

| 1 | 2 | 3 | 4 | 5 | 5,5 | 6 | 7 | 8 | 9 | 10 |

Zählwerte von 1- 10, die genaue Mitte ist 5,5

Notizen

Ich habe den Atem-/Bodyscan mit Dehnungen und die Meditation heute gemacht:

Morgens

Uhrzeit .... Dauer...........

Wirkungen

körperlich

| 1 | 2 | 3 | 4 | 5 | 5,5 | 6 | 7 | 8 | 9 | 10 | ....

emotional

| 1 | 2 | 3 | 4 | 5 | 5,5 | 6 | 7 | 8 | 9 | 10 | ....

mental

| 1 | 2 | 3 | 4 | 5 | 5,5 | 6 | 7 | 8 | 9 | 10 | ....

Durchschnittswert: ....

Weitere Notizen

Mittags

Uhrzeit .... Dauer...........

Wirkungen

körperlich

| 1 | 2 | 3 | 4 | 5 | 5,5 | 6 | 7 | 8 | 9 | 10 | ....

emotional

| 1 | 2 | 3 | 4 | 5 | 5,5 | 6 | 7 | 8 | 9 | 10 | ....

mental

| 1 | 2 | 3 | 4 | 5 | 5,5 | 6 | 7 | 8 | 9 | 10 | ....

Durchschnittswert: ....

Weitere Notizen

Abends

Uhrzeit .... Dauer...........

Wirkungen

körperlich

| 1 | 2 | 3 | 4 | 5 | 5,5 | 6 | 7 | 8 | 9 | 10 | ....

emotional

| 1 | 2 | 3 | 4 | 5 | 5,5 | 6 | 7 | 8 | 9 | 10 | ....

mental

| 1 | 2 | 3 | 4 | 5 | 5,5 | 6 | 7 | 8 | 9 | 10 | ....

Durchschnittswert: ....

Weitere Notizen

Alle Übungsdurchschnittswerte addieren ....

inkl. Schlafwert _____

geteilt durch 4

Tagesdurchschnittswert *geteilt durch 3*
oder durch Anzahl von Übungen, falls weniger als 3

Tagesdurchschnitt körperlich [ ]   **emotional** [ ]   **mental** [ ]

Befinden im Verlaufe des Tages:

Folgende Erlebnisse/Begegnungen waren mir heute wichtig:

Überraschung! Etwas mit dem ich nicht gerechnet habe:

Ich möchte mich heute/jetzt bedanken für:

Was habe ich heute gut gemacht?

Gibt es noch etwas, was mich gedanklich festhält oder ein Problem?

Kann und muss ich das heute Abend oder heute Nacht noch lösen? Oder darf ich es erst einmal loslassen ,um neue Kräfte durch guten Schlaf zu sammeln?

Was kann ich heute aus den Erfahrungen lernen?

Das Thema / die Essenz dieses Tages:

Möglichst nur in einem Wort oder kurzem Satz

Gesamtzeit einschl. Tagebuchführung in Minuten

Keine Meinung. Die Übungen habe ich heute nicht gemacht.

Meine Nacht / mein Schlaf

1	2	3	4	5	5,5	6	7	8	9	10

Zählwerte von 1- 10, die genaue Mitte ist 5,5

Notizen

Ich habe den Atem-/Bodyscan mit Dehnungen und die Meditation heute gemacht:

Morgens
Uhrzeit .... Dauer...........

Wirkungen

Weitere Notizen

körperlich

1	2	3	4	5	5,5	6	7	8	9	10
....

emotional

1	2	3	4	5	5,5	6	7	8	9	10
....

mental

1	2	3	4	5	5,5	6	7	8	9	10
....

Durchschnittswert: ....

Mittags
Uhrzeit .... Dauer...........

Wirkungen

Weitere Notizen

körperlich

1	2	3	4	5	5,5	6	7	8	9	10
....

emotional

1	2	3	4	5	5,5	6	7	8	9	10
....

mental

1	2	3	4	5	5,5	6	7	8	9	10
....

Durchschnittswert: ....

Abends
Uhrzeit .... Dauer...........

Wirkungen

Weitere Notizen

körperlich

1	2	3	4	5	5,5	6	7	8	9	10
....

emotional

1	2	3	4	5	5,5	6	7	8	9	10
....

mental

1	2	3	4	5	5,5	6	7	8	9	10
....

Durchschnittswert: ....

Alle Übungsdurchschnittswerte addieren ....

inkl. Schlafwert _____

geteilt durch 4

Tagesdurchschnittswert *geteilt durch 3*
oder durch Anzahl von Übungen, falls weniger als 3

Tagesdurchschnitt körperlich [ ] **emotional** [ ] **mental** [ ]

Befinden im Verlaufe des Tages:

Folgende Erlebnisse/Begegnungen waren mir heute wichtig:

Überraschung! Etwas mit dem ich nicht gerechnet habe:

Ich möchte mich heute/jetzt bedanken für:

Was habe ich heute gut gemacht?

Gibt es noch etwas, was mich gedanklich festhält oder ein Problem?

Kann und muss ich das heute Abend oder heute Nacht noch lösen? Oder darf ich es erst einmal loslassen ,um neue Kräfte durch guten Schlaf zu sammeln?

Was kann ich heute aus den Erfahrungen lernen?

Das Thema / die Essenz dieses Tages:

Möglichst nur in einem Wort oder kurzem Satz

Gesamtzeit einschl. Tagebuchführung in Minuten

Keine Meinung. Die Übungen habe ich heute nicht gemacht.

Meine Nacht / mein Schlaf | 1 | 2 | 3 | 4 | 5 | **5,5** | 6 | 7 | 8 | 9 | 10 |

Zählwerte von 1- 10, die genaue Mitte ist 5,5   *Notizen*

Ich habe den Atem-/Bodyscan mit Dehnungen und die Meditation heute gemacht:

Morgens
Uhrzeit ....   Dauer...........

Wirkungen

körperlich | 1 | 2 | 3 | 4 | 5 | 5,5 | 6 | 7 | 8 | 9 | 10 | ....

emotional | 1 | 2 | 3 | 4 | 5 | 5,5 | 6 | 7 | 8 | 9 | 10 | ....

mental | 1 | 2 | 3 | 4 | 5 | 5,5 | 6 | 7 | 8 | 9 | 10 | ....

Weitere Notizen

Durchschnittswert: ....

Mittags
Uhrzeit ....   Dauer...........

Wirkungen

körperlich | 1 | 2 | 3 | 4 | 5 | 5,5 | 6 | 7 | 8 | 9 | 10 | ....

emotional | 1 | 2 | 3 | 4 | 5 | 5,5 | 6 | 7 | 8 | 9 | 10 | ....

mental | 1 | 2 | 3 | 4 | 5 | 5,5 | 6 | 7 | 8 | 9 | 10 | ....

Weitere Notizen

Durchschnittswert: ....

Abends
Uhrzeit ....   Dauer...........

Wirkungen

körperlich | 1 | 2 | 3 | 4 | 5 | 5,5 | 6 | 7 | 8 | 9 | 10 | ....

emotional | 1 | 2 | 3 | 4 | 5 | 5,5 | 6 | 7 | 8 | 9 | 10 | ....

mental | 1 | 2 | 3 | 4 | 5 | 5,5 | 6 | 7 | 8 | 9 | 10 | ....

Weitere Notizen

Durchschnittswert: ....

Alle Übungsdurchschnittswerte addieren   ....

inkl. Schlafwert _____

geteilt durch 4

Tagesdurchschnittswert *geteilt durch 3*
oder durch Anzahl von Übungen, falls weniger als 3

144 **Tagesdurchschnitt körperlich** [   ]   **emotional** [   ]   **mental** [   ]

Befinden im Verlaufe des Tages:

Folgende Erlebnisse/Begegnungen waren mir heute wichtig:

Überraschung! Etwas mit dem ich nicht gerechnet habe:

Ich möchte mich heute/jetzt bedanken für:

Was habe ich heute gut gemacht?

Gibt es noch etwas, was mich gedanklich festhält oder ein Problem?
Kann und muss ich das heute Abend oder heute Nacht noch lösen? Oder darf ich es erst einmal loslassen ,um neue Kräfte durch guten Schlaf zu sammeln?

Was kann ich heute aus den Erfahrungen lernen?

Das Thema / die Essenz dieses Tages:
Möglichst nur in einem Wort oder kurzem Satz

Gesamtzeit einschl. Tagebuchführung in Minuten

Keine Meinung. Die Übungen habe ich heute nicht gemacht.

Wie viel Zeit habe ich insgesamt für die Übungen
inkl. der abendlichen Tagebuchführung investiert?

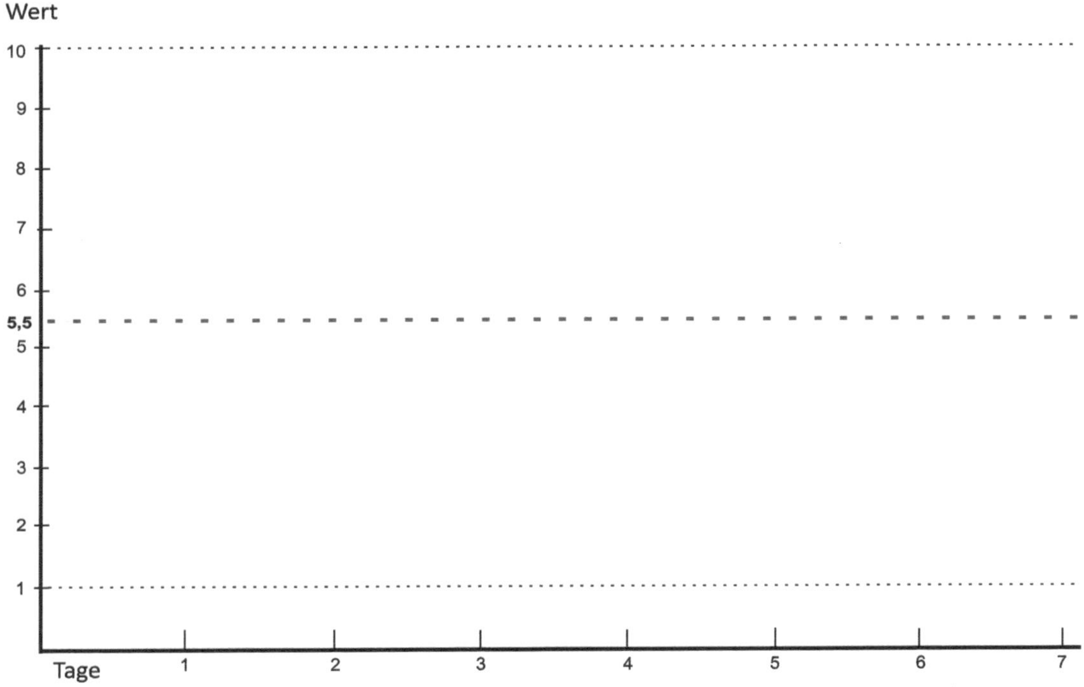

Wert

10

9

8

7

6

5,5

5

4

3

2

1

Tage　　1　　2　　3　　4　　5　　6　　7

Übertrage zuerst die Tagesgesamtwertzahlen und verbinde die Punkte miteinander zu einer dicken Linie.

Trage anschließend die weiteren Werte für körperliches, emtionales, mentales Befinden sowie Schlafbefinden ein und verbinde sie ebenso zu Kurven – am besten mit verschiedenen Farbstiften oder zur Unterscheidung kenntlichen Markierungen.

Die Mittelwert ist 5,5. Liegt deine Kurve insgesamt über dieser Linie oder unter der Linie?

Gesamtdurchschnittswert der Woche für die Übungen:
Tageswerte addieren- durch 7 teilen bzw. der absolvierten Übungstage

Wochengesamtwert

Gesamtwert inkl. Schlafwerte   ....

Wochenwert körperlich   ....
Wochenwert emotional   ....
Wochenwert mental   ....
Wochenwert Schlaf   ....

In meinem Befinden hat sich etwas verändert

körperlich

emotional

mental

Falls ja. Welche Gründe gibt es für die Veränderung?

Ich möchte mich für die vergangene Woche besonders bedanken für:
Schau noch einmal auf deine Danksagungen. Entscheide dich für eine oder zwei Danksagungen oder schreibe etwas Neues auf, was dir einfällt:

Ich habe folgendes wirklich gut gemacht. Dafür nehme ich mich jetzt in die Arme und wert-schätze mich: *Schau noch einmal auf die Tagebucheintragungen der Woche. Wähle 2 -3 Fakten aus*

Ein Ereignis hat mich besonders in meiner Alltagsroutine überrascht:
Bitte schau rückblickend auf die Frage „Überraschung"

Meine Erkenntnis aus dieser Überraschung ist....

Was mir noch wichtig ist hier einzutragen
Brainstorming, Worte, Gedanken

Meine Essenzen der jeweiligen Tage

Bitte trage alles, was du in Tagesessenzen aufgeschrieben hast, hier noch einmal ein:

Für mich ergibt sich ein Thema / eine Erkenntnis aus den Essenzen?

Aus dieser Erkenntnis möchte ich in den kommenden Tagen folgendes umsetzen:

To-do-Liste und wie

Raum für deine „GeDANKEN" – für das Danken und Bitten:

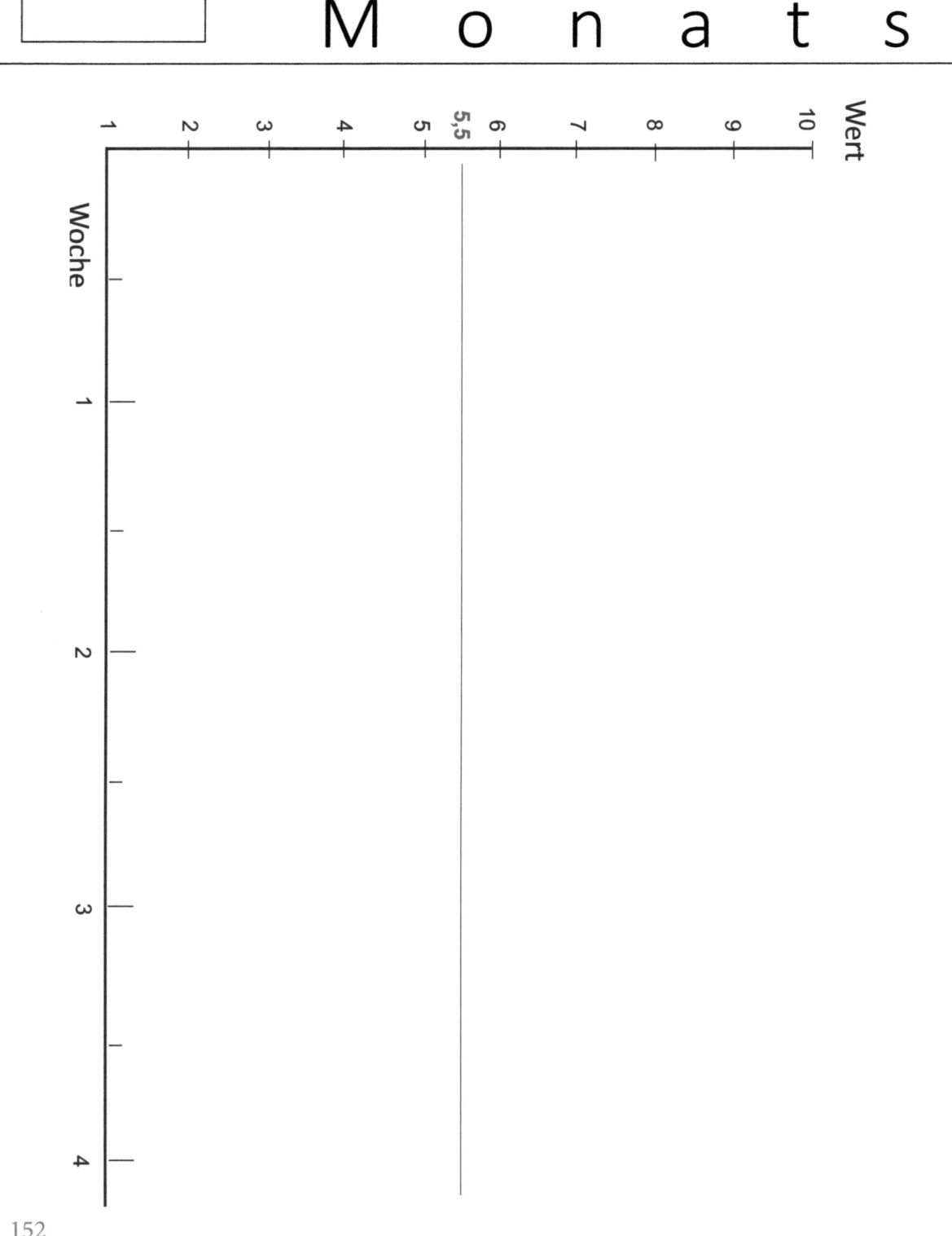

Wert

10
9
8
7
6
5,5
5
4
3
2
1

Woche

1
2
3
4

Wie viel Zeit hast du insgesamt für die Übungen inkl. abendlicher Tagebuchführung investiert?

Addiere die Gesamtzeiten aller Wochen

Durchschnittswert:
*4 Wochenwerte addieren und durch 4 teilen,
genauer ist jedoch die Werte von 28 Tagen zu addieren
und durch 28 zu teilen*

Essenz – welche Erkenntnisse hast du in den letzten Wochen gewonnen?

Schau dir noch mal die Essenzen der vier Wochen an und schreibe sie hier noch einmal auf

Ergibt sich daraus ein neues Thema/eine Erkenntnis aus diesen Essenzen?

WICHTIG!
Was hast du gut gemacht? Für was kannst du dich selbst in die Arme nehmen? Schätze dich wert, was du in diesen 4 Wochen geschafft hast:

Konntest du bezüglich eines Problems und seiner Lösung ein Stück weiterkommen?

Wenn ja, worauf beruht die Lösung

Wenn nein, was könnte dir helfen, um das Problem zu lösen?

Konntest du dich der Verwirklichung deiner Ziele, Vorhaben und Vision etwas nähern?

Schau dir deine Visionsseite an und ergänze sie

Wenn ja, worauf führst du dies zurück?

Wenn nicht, was, glaubst du, sind die Gründe?

Hat sich in deiner Zielsetzung und Vision etwas verändert?

Fühlst du dich im Alltag konzentrierter und präsenter als vorher?

Wenn ja, worauf führst du dies zurück

Gibt es eine Essenz aus den Danksagungen der letzten Wochen – eine, die zentral ist?

Meine Nacht / mein Schlaf | 1 | 2 | 3 | 4 | 5 | **5,5** | 6 | 7 | 8 | 9 | 10 |

Zählwerte von 1- 10, die genaue Mitte ist 5,5   *Notizen*

Ich habe den Atem-/Bodyscan mit Dehnungen und die Meditation heute gemacht:

Morgens
Uhrzeit ....   Dauer...........
Wirkungen

körperlich	1	2	3	4	5	**5,5**	6	7	8	9	10	....
emotional	1	2	3	4	5	**5,5**	6	7	8	9	10	....
mental	1	2	3	4	5	**5,5**	6	7	8	9	10	....

Weitere Notizen

Durchschnittswert: ....

Mittags
Uhrzeit ....   Dauer...........
Wirkungen

körperlich	1	2	3	4	5	**5,5**	6	7	8	9	10	....
emotional	1	2	3	4	5	**5,5**	6	7	8	9	10	....
mental	1	2	3	4	5	**5,5**	6	7	8	9	10	....

Weitere Notizen

Durchschnittswert: ....

Abends
Uhrzeit ....   Dauer...........
Wirkungen

körperlich	1	2	3	4	5	**5,5**	6	7	8	9	10	....
emotional	1	2	3	4	5	**5,5**	6	7	8	9	10	....
mental	1	2	3	4	5	**5,5**	6	7	8	9	10	....

Weitere Notizen

Durchschnittswert: ....

Alle Übungsdurchschnittswerte addieren   ....

inkl. Schlafwert _____

Tagesdurchschnittswert   *geteilt durch 3*
oder durch Anzahl von Übungen, falls weniger als 3

geteilt durch 4

Tagesdurchschnitt körperlich [   ]   **emotional** [   ]   **mental** [   ]

Befinden im Verlaufe des Tages:

Folgende Erlebnisse/Begegnungen waren mir heute wichtig:

Überraschung! Etwas mit dem ich nicht gerechnet habe:

Ich möchte mich heute/jetzt bedanken für:

Was habe ich heute gut gemacht?

Gibt es noch etwas, was mich gedanklich festhält oder ein Problem?
Kann und muss ich das heute Abend oder heute Nacht noch lösen? Oder darf ich es erst einmal loslassen ,um neue Krafte durch guten Schlaf zu sammeln?

Was kann ich heute aus den Erfahrungen lernen?

Das Thema / die Essenz dieses Tages:
Möglichst nur in einem Wort oder kurzem Satz

Gesamtzeit einschl. Tagebuchführung in Minuten

Keine Meinung. Die Übungen habe ich heute nicht gemacht.

Meine Nacht / mein Schlaf | 1 | 2 | 3 | 4 | 5 | **5,5** | 6 | 7 | 8 | 9 | 10 |

Zahlwerte von 1- 10, die genaue Mitte ist 5,5   *Notizen*

Ich habe den Atem-/Bodyscan mit Dehnungen und die Meditation heute gemacht:

Morgens
Uhrzeit ....   Dauer...........

Wirkungen

Weitere Notizen

körperlich	1	2	3	4	5	**5,5**	6	7	8	9	10	....
emotional	1	2	3	4	5	**5,5**	6	7	8	9	10	....
mental	1	2	3	4	5	**5,5**	6	7	8	9	10	....

Durchschnittswert: ....

Mittags
Uhrzeit ....   Dauer...........

Wirkungen

Weitere Notizen

körperlich	1	2	3	4	5	**5,5**	6	7	8	9	10	....
emotional	1	2	3	4	5	**5,5**	6	7	8	9	10	....
mental	1	2	3	4	5	**5,5**	6	7	8	9	10	....

Durchschnittswert: ....

Abends
Uhrzeit ....   Dauer...........

Wirkungen

Weitere Notizen

körperlich	1	2	3	4	5	**5,5**	6	7	8	9	10	....
emotional	1	2	3	4	5	**5,5**	6	7	8	9	10	....
mental	1	2	3	4	5	**5,5**	6	7	8	9	10	....

Durchschnittswert: ....

Alle Übungsdurchschnittswerte addieren   ....

Tagesdurchschnittswert *geteilt durch 3*
oder durch Anzahl von Übungen, falls weniger als 3

inkl. Schlafwert _____

geteilt durch 4

Tagesdurchschnitt körperlich [   ]   **emotional** [   ]   **mental** [   ]

Befinden im Verlaufe des Tages:

Folgende Erlebnisse/Begegnungen waren mir heute wichtig:

Überraschung! Etwas mit dem ich nicht gerechnet habe:

Ich möchte mich heute/jetzt bedanken für:

Was habe ich heute gut gemacht?

Gibt es noch etwas, was mich gedanklich festhält oder ein Problem?

Kann und muss ich das heute Abend oder heute Nacht noch lösen? Oder darf ich es erst einmal loslassen ,um neue Kräfte durch guten Schlaf zu sammeln?

Was kann ich heute aus den Erfahrungen lernen?

Das Thema / die Essenz dieses Tages:

Möglichst nur in einem Wort oder kurzem Satz

Gesamtzeit einschl. Tagebuchführung in Minuten

Keine Meinung. Die Übungen habe ich heute nicht gemacht.

Meine Nacht / mein Schlaf

1	2	3	4	5	5,5	6	7	8	9	10

Zählwerte von 1- 10, die genaue Mitte ist 5,5

Notizen

Ich habe den Atem-/Bodyscan mit Dehnungen und die Meditation heute gemacht:

Morgens
Uhrzeit ....   Dauer..........
Wirkungen

Weitere Notizen

körperlich

1	2	3	4	5	5,5	6	7	8	9	10	....

emotional

1	2	3	4	5	5,5	6	7	8	9	10	....

mental

1	2	3	4	5	5,5	6	7	8	9	10	....

Durchschnittswert: ....

Mittags
Uhrzeit ....   Dauer..........
Wirkungen

Weitere Notizen

körperlich

1	2	3	4	5	5,5	6	7	8	9	10	....

emotional

1	2	3	4	5	5,5	6	7	8	9	10	....

mental

1	2	3	4	5	5,5	6	7	8	9	10	....

Durchschnittswert: ....

Abends
Uhrzeit ....   Dauer..........
Wirkungen

Weitere Notizen

körperlich

1	2	3	4	5	5,5	6	7	8	9	10	....

emotional

1	2	3	4	5	5,5	6	7	8	9	10	....

mental

1	2	3	4	5	5,5	6	7	8	9	10	....

Durchschnittswert: ....

Alle Übungsdurchschnittswerte addieren   ....

inkl. Schlafwert _____

geteilt durch 4

Tagesdurchschnittswert   *geteilt durch 3*
oder durch Anzahl von Übungen, falls weniger als 3

Tagesdurchschnitt körperlich [   ]   **emotional** [   ]   **mental** [   ]

Befinden im Verlaufe des Tages:

Folgende Erlebnisse/Begegnungen waren mir heute wichtig:

Überraschung! Etwas mit dem ich nicht gerechnet habe:

Ich möchte mich heute/jetzt bedanken für:

Was habe ich heute gut gemacht?

Gibt es noch etwas, was mich gedanklich festhält oder ein Problem?

Kann und muss ich das heute Abend oder heute Nacht noch lösen? Oder darf ich es erst einmal loslassen ,um neue Kräfte durch guten Schlaf zu sammeln?

Was kann ich heute aus den Erfahrungen lernen?

Das Thema / die Essenz dieses Tages:

Möglichst nur in einem Wort oder kurzem Satz

Gesamtzeit einschl. Tagebuchführung in Minuten

Keine Meinung. Die Übungen habe ich heute nicht gemacht.

Meine Nacht / mein Schlaf

1	2	3	4	5	5,5	6	7	8	9	10

Zählwerte von 1- 10, die genaue Mitte ist 5,5

Notizen

Ich habe den Atem-/Bodyscan mit Dehnungen und die Meditation heute gemacht:

Morgens
Uhrzeit ....   Dauer...........

Wirkungen

körperlich

| 1 | 2 | 3 | 4 | 5 | 5,5 | 6 | 7 | 8 | 9 | 10 | ....

emotional

| 1 | 2 | 3 | 4 | 5 | 5,5 | 6 | 7 | 8 | 9 | 10 | ....

mental

| 1 | 2 | 3 | 4 | 5 | 5,5 | 6 | 7 | 8 | 9 | 10 | ....

Durchschnittswert: ....

Weitere Notizen

Mittags
Uhrzeit ....   Dauer...........

Wirkungen

körperlich

| 1 | 2 | 3 | 4 | 5 | 5,5 | 6 | 7 | 8 | 9 | 10 | ....

emotional

| 1 | 2 | 3 | 4 | 5 | 5,5 | 6 | 7 | 8 | 9 | 10 | ....

mental

| 1 | 2 | 3 | 4 | 5 | 5,5 | 6 | 7 | 8 | 9 | 10 | ....

Durchschnittswert: ....

Weitere Notizen

Abends
Uhrzeit ....   Dauer...........

Wirkungen

körperlich

| 1 | 2 | 3 | 4 | 5 | 5,5 | 6 | 7 | 8 | 9 | 10 | ....

emotional

| 1 | 2 | 3 | 4 | 5 | 5,5 | 6 | 7 | 8 | 9 | 10 | ....

mental

| 1 | 2 | 3 | 4 | 5 | 5,5 | 6 | 7 | 8 | 9 | 10 | ....

Durchschnittswert: ....

Weitere Notizen

Alle Übungsdurchschnittswerte addieren ....

Tagesdurchschnittswert *geteilt durch 3*
oder durch Anzahl von Übungen, falls weniger als 3

inkl. Schlafwert _____

geteilt durch 4

Tagesdurchschnitt körperlich   **emotional**   **mental**

Befinden im Verlaufe des Tages:

Folgende Erlebnisse/Begegnungen waren mir heute wichtig:

Überraschung! Etwas mit dem ich nicht gerechnet habe:

Ich möchte mich heute/jetzt bedanken für:

Was habe ich heute gut gemacht?

Gibt es noch etwas, was mich gedanklich festhält oder ein Problem?
Kann und muss ich das heute Abend oder heute Nacht noch lösen? Oder darf ich es erst einmal loslassen ,um neue Kräfte durch guten Schlaf zu sammeln?

Was kann ich heute aus den Erfahrungen lernen?

Das Thema / die Essenz dieses Tages:
Möglichst nur in einem Wort oder kurzem Satz

Gesamtzeit einschl. Tagebuchführung in Minuten

Keine Meinung. Die Übungen habe ich heute nicht gemacht.

Meine Nacht / mein Schlaf | 1 | 2 | 3 | 4 | 5 | 5,5 | 6 | 7 | 8 | 9 | 10 |

Zählwerte von 1- 10, die genaue Mitte ist 5,5   *Notizen*

Ich habe den Atem-/Bodyscan mit Dehnungen und die Meditation heute gemacht:

Morgens

Uhrzeit ....   Dauer...........

Wirkungen

körperlich | 1 | 2 | 3 | 4 | 5 | 5,5 | 6 | 7 | 8 | 9 | 10 | ....

emotional | 1 | 2 | 3 | 4 | 5 | 5,5 | 6 | 7 | 8 | 9 | 10 | ....

mental | 1 | 2 | 3 | 4 | 5 | 5,5 | 6 | 7 | 8 | 9 | 10 | ....

Weitere Notizen

Durchschnittswert: ....

Mittags

Uhrzeit ....   Dauer...........

Wirkungen

körperlich | 1 | 2 | 3 | 4 | 5 | 5,5 | 6 | 7 | 8 | 9 | 10 | ....

emotional | 1 | 2 | 3 | 4 | 5 | 5,5 | 6 | 7 | 8 | 9 | 10 | ....

mental | 1 | 2 | 3 | 4 | 5 | 5,5 | 6 | 7 | 8 | 9 | 10 | ....

Weitere Notizen

Durchschnittswert: ....

Abends

Uhrzeit ....   Dauer...........

Wirkungen

körperlich | 1 | 2 | 3 | 4 | 5 | 5,5 | 6 | 7 | 8 | 9 | 10 | ....

emotional | 1 | 2 | 3 | 4 | 5 | 5,5 | 6 | 7 | 8 | 9 | 10 | ....

mental | 1 | 2 | 3 | 4 | 5 | 5,5 | 6 | 7 | 8 | 9 | 10 | ....

Weitere Notizen

Durchschnittswert: ....

Alle Übungsdurchschnittswerte addieren   ....

inkl. Schlafwert _____

geteilt durch 4

Tagesdurchschnittswert *geteilt durch 3*
oder durch Anzahl von Übungen, falls weniger als 3

Tagesdurchschnitt körperlich [   ]   **emotional** [   ]   **mental** [   ]

Befinden im Verlaufe des Tages:

Folgende Erlebnisse/Begegnungen waren mir heute wichtig:

Überraschung! Etwas mit dem ich nicht gerechnet habe:

Ich möchte mich heute/jetzt bedanken für:

Was habe ich heute gut gemacht?

Gibt es noch etwas, was mich gedanklich festhält oder ein Problem?
Kann und muss ich das heute Abend oder heute Nacht noch lösen? Oder darf ich es erst einmal loslassen ,um neue Kräfte durch guten Schlaf zu sammeln?

Was kann ich heute aus den Erfahrungen lernen?

Das Thema / die Essenz dieses Tages:
Möglichst nur in einem Wort oder kurzem Satz

Gesamtzeit einschl. Tagebuchführung in Minuten

Keine Meinung. Die Übungen habe ich heute nicht gemacht.

Meine Nacht / mein Schlaf | 1 | 2 | 3 | 4 | 5 | **5,5** | 6 | 7 | 8 | 9 | 10 |

Zählwerte von 1- 10, die genaue Mitte ist 5,5   *Notizen*

Ich habe den Atem-/Bodyscan mit Dehnungen und die Meditation heute gemacht:

Morgens
Uhrzeit ....   Dauer..........
Wirkungen

körperlich | 1 | 2 | 3 | 4 | 5 | 5,5 | 6 | 7 | 8 | 9 | 10 | ....

emotional | 1 | 2 | 3 | 4 | 5 | 5,5 | 6 | 7 | 8 | 9 | 10 | ....

mental | 1 | 2 | 3 | 4 | 5 | 5,5 | 6 | 7 | 8 | 9 | 10 | ....

Weitere Notizen

Durchschnittswert: ....

Mittags
Uhrzeit ....   Dauer..........
Wirkungen

körperlich | 1 | 2 | 3 | 4 | 5 | 5,5 | 6 | 7 | 8 | 9 | 10 | ....

emotional | 1 | 2 | 3 | 4 | 5 | 5,5 | 6 | 7 | 8 | 9 | 10 | ....

mental | 1 | 2 | 3 | 4 | 5 | 5,5 | 6 | 7 | 8 | 9 | 10 | ....

Weitere Notizen

Durchschnittswert: ....

Abends
Uhrzeit ....   Dauer..........
Wirkungen

körperlich | 1 | 2 | 3 | 4 | 5 | 5,5 | 6 | 7 | 8 | 9 | 10 | ....

emotional | 1 | 2 | 3 | 4 | 5 | 5,5 | 6 | 7 | 8 | 9 | 10 | ....

mental | 1 | 2 | 3 | 4 | 5 | 5,5 | 6 | 7 | 8 | 9 | 10 | ....

Weitere Notizen

Durchschnittswert: ....

Alle Übungsdurchschnittswerte addieren   ....

inkl. Schlafwert _____

geteilt durch 4

Tagesdurchschnittswert *geteilt durch 3*
oder durch Anzahl von Übungen, falls weniger als 3

 Tagesdurchschnitt körperlich [   ]   **emotional** [   ]   **mental** [   ]

Befinden im Verlaufe des Tages:

Folgende Erlebnisse/Begegnungen waren mir heute wichtig:

Überraschung! Etwas mit dem ich nicht gerechnet habe:

Ich möchte mich heute/jetzt bedanken für:

Was habe ich heute gut gemacht?

Gibt es noch etwas, was mich gedanklich festhält oder ein Problem?

Kann und muss ich das heute Abend oder heute Nacht noch lösen? Oder darf ich es erst einmal loslassen , um neue Kräfte durch guten Schlaf zu sammeln?

Was kann ich heute aus den Erfahrungen lernen?

Das Thema / die Essenz dieses Tages:

Möglichst nur in einem Wort oder kurzem Satz

Gesamtzeit einschl. Tagebuchführung in Minuten

Keine Meinung. Die Übungen habe ich heute nicht gemacht.

Meine Nacht / mein Schlaf | 1 | 2 | 3 | 4 | 5 | **5,5** | 6 | 7 | 8 | 9 | 10 |

Zählwerte von 1- 10, die genaue Mitte ist 5,5   *Notizen*

Ich habe den Atem-/Bodyscan mit Dehnungen und die Meditation heute gemacht:

Morgens
Uhrzeit ....   Dauer...........
Wirkungen

körperlich | 1 | 2 | 3 | 4 | 5 | 5,5 | 6 | 7 | 8 | 9 | 10 | ....

emotional | 1 | 2 | 3 | 4 | 5 | 5,5 | 6 | 7 | 8 | 9 | 10 | ....

mental | 1 | 2 | 3 | 4 | 5 | 5,5 | 6 | 7 | 8 | 9 | 10 | ....

Weitere Notizen

Durchschnittswert: ....

Mittags
Uhrzeit ....   Dauer...........
Wirkungen

körperlich | 1 | 2 | 3 | 4 | 5 | 5,5 | 6 | 7 | 8 | 9 | 10 | ....

emotional | 1 | 2 | 3 | 4 | 5 | 5,5 | 6 | 7 | 8 | 9 | 10 | ....

mental | 1 | 2 | 3 | 4 | 5 | 5,5 | 6 | 7 | 8 | 9 | 10 | ....

Weitere Notizen

Durchschnittswert: ....

Abends
Uhrzeit ....   Dauer...........
Wirkungen

körperlich | 1 | 2 | 3 | 4 | 5 | 5,5 | 6 | 7 | 8 | 9 | 10 | ....

emotional | 1 | 2 | 3 | 4 | 5 | 5,5 | 6 | 7 | 8 | 9 | 10 | ....

mental | 1 | 2 | 3 | 4 | 5 | 5,5 | 6 | 7 | 8 | 9 | 10 | ....

Weitere Notizen

Durchschnittswert: ....

Alle Übungsdurchschnittswerte addieren   ....

inkl. Schlafwert _____

geteilt durch 4

Tagesdurchschnittswert   *geteilt durch 3*
oder durch Anzahl von Übungen, falls weniger als 3

168 **Tagesdurchschnitt körperlich** [   ]   **emotional** [   ]   **mental** [   ]

Befinden im Verlaufe des Tages:

Folgende Erlebnisse/Begegnungen waren mir heute wichtig:

Überraschung! Etwas mit dem ich nicht gerechnet habe:

Ich möchte mich heute/jetzt bedanken für:

Was habe ich heute gut gemacht?

Gibt es noch etwas, was mich gedanklich festhält oder ein Problem?
Kann und muss ich das heute Abend oder heute Nacht noch lösen? Oder darf ich es erst einmal loslassen ,um neue Kräfte durch guten Schlaf zu sammeln?

Was kann ich heute aus den Erfahrungen lernen?

Das Thema / die Essenz dieses Tages:
Möglichst nur in einem Wort oder kurzem Satz

Gesamtzeit einschl. Tagebuchführung in Minuten

Keine Meinung. Die Übungen habe ich heute nicht gemacht.

Wie viel Zeit habe ich insgesamt für die Übungen
inkl. der abendlichen Tagebuchführung investiert?

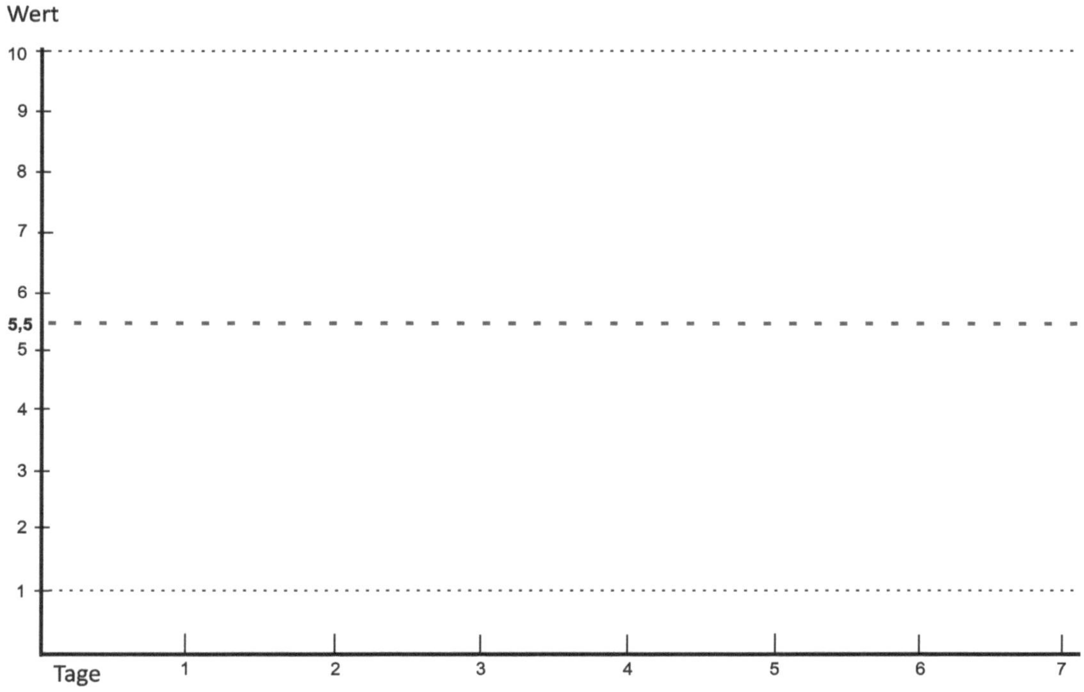

Wert

```
10 ┊································································
 9 ┼
 8 ┼
 7 ┼
 6 ┼
5,5 ┼─ ─ ─ ─ ─ ─ ─ ─ ─ ─ ─ ─ ─ ─ ─ ─ ─ ─ ─ ─ ─
 5 ┼
 4 ┼
 3 ┼
 2 ┼
 1 ┊································································
    └──┼────┼────┼────┼────┼────┼────┼──
  Tage  1    2    3    4    5    6    7
```

Übertrage zuerst die Tagesgesamtwertzahlen und verbinde die Punkte miteinander zu einer dicken Linie.

Trage anschließend die weiteren Werte für körperliches, emotionales, mentales Befinden sowie Schlafbefinden ein und verbinde sie ebenso zu Kurven – am besten mit verschiedenen Farbstiften oder zur Unterscheidung kenntlichen Markierungen.

Die Mittelwert ist 5,5. Liegt deine Kurve insgesamt über dieser Linie oder unter der Linie?

Gesamtdurchschnittswert der Woche für die Übungen:
Tageswerte addieren- durch 7 teilen bzw. der absolvierten Übungstage

Wochengesamtwert

Gesamtwert inkl. Schlafwerte ....

Wochenwert körperlich ....
Wochenwert emotional ....
Wochenwert mental ....
Wochenwert Schlaf ....

In meinem Befinden hat sich etwas verändert

körperlich

emotional

mental

Falls ja. Welche Gründe gibt es für die Veränderung?

Ich möchte mich für die vergangene Woche besonders bedanken für:
Schau noch einmal auf deine Danksagungen. Entscheide dich für eine oder zwei Danksagungen oder schreibe etwas Neues auf, was dir einfällt:

Ich habe folgendes wirklich gut gemacht. Dafür nehme ich mich jetzt in die Arme und wert-schätze mich: *Schau noch einmal auf die Tagebucheintragungen der Woche. Wähle 2 -3 Fakten aus*

Ein Ereignis hat mich besonders in meiner Alltagsroutine überrascht:
Bitte schau rückblickend auf die Frage „Überraschung"

Meine Erkenntnis aus dieser Überraschung ist....

Was mir noch wichtig ist hier einzutragen
Brainstorming, Worte, Gedanken

Meine Essenzen der jeweiligen Tage

Bitte trage alles, was du in Tagesessenzen aufgeschrieben hast, hier noch einmal ein:

Für mich ergibt sich ein Thema / eine Erkenntnis aus den Essenzen?

Aus dieser Erkenntnis möchte ich in den kommenden Tagen folgendes umsetzen:

To-do-Liste und wie

Raum für einen Gedanken – ein Gefühl

Meine Nacht / mein Schlaf | 1 | 2 | 3 | 4 | 5 | 5,5 | 6 | 7 | 8 | 9 | 10 |

Zählwerte von 1- 10, die genaue Mitte ist 5,5   *Notizen*

Ich habe den Atem-/Bodyscan mit Dehnungen und die Meditation heute gemacht:

Morgens
Uhrzeit ....   Dauer...........

Wirkungen

körperlich	1	2	3	4	5	5,5	6	7	8	9	10	....
emotional	1	2	3	4	5	5,5	6	7	8	9	10	....
mental	1	2	3	4	5	5,5	6	7	8	9	10	....

Weitere Notizen

Durchschnittswert: ....

Mittags
Uhrzeit ....   Dauer...........

Wirkungen

körperlich	1	2	3	4	5	5,5	6	7	8	9	10	....
emotional	1	2	3	4	5	5,5	6	7	8	9	10	....
mental	1	2	3	4	5	5,5	6	7	8	9	10	....

Weitere Notizen

Durchschnittswert: ....

Abends
Uhrzeit ....   Dauer...........

Wirkungen

körperlich	1	2	3	4	5	5,5	6	7	8	9	10	....
emotional	1	2	3	4	5	5,5	6	7	8	9	10	....
mental	1	2	3	4	5	5,5	6	7	8	9	10	....

Weitere Notizen

Durchschnittswert: ....

Alle Übungsdurchschnittswerte addieren   ....

inkl. Schlafwert _____

geteilt durch 4

Tagesdurchschnittswert *geteilt durch 3*
oder durch Anzahl von Übungen, falls weniger als 3

Tagesdurchschnitt körperlich [ ]   **emotional** [ ]   **mental** [ ]

Befinden im Verlaufe des Tages:

Folgende Erlebnisse/Begegnungen waren mir heute wichtig:

Überraschung! Etwas mit dem ich nicht gerechnet habe:

Ich möchte mich heute/jetzt bedanken für:

Was habe ich heute gut gemacht?

Gibt es noch etwas, was mich gedanklich festhält oder ein Problem?

Kann und muss ich das heute Abend oder heute Nacht noch lösen? Oder darf ich es erst einmal loslassen ‚um neue Kräfte durch guten Schlaf zu sammeln?

Was kann ich heute aus den Erfahrungen lernen?

Das Thema / die Essenz dieses Tages:

Möglichst nur in einem Wort oder kurzem Satz

Gesamtzeit einschl. Tagebuchführung in Minuten

Keine Meinung. Die Übungen habe ich heute nicht gemacht.

Meine Nacht / mein Schlaf | 1 | 2 | 3 | 4 | 5 | 5,5 | 6 | 7 | 8 | 9 | 10 |

_____

Zählwerte von 1- 10, die genaue Mitte ist 5,5   *Notizen*

Ich habe den Atem-/Bodyscan mit Dehnungen und die Meditation heute gemacht:

Morgens
Uhrzeit ....   Dauer...........

Wirkungen

körperlich | 1 | 2 | 3 | 4 | 5 | 5,5 | 6 | 7 | 8 | 9 | 10 | ....

emotional | 1 | 2 | 3 | 4 | 5 | 5,5 | 6 | 7 | 8 | 9 | 10 | ....

mental | 1 | 2 | 3 | 4 | 5 | 5,5 | 6 | 7 | 8 | 9 | 10 | ....

Weitere Notizen

Durchschnittswert: ....

Mittags
Uhrzeit ....   Dauer...........

Wirkungen

körperlich | 1 | 2 | 3 | 4 | 5 | 5,5 | 6 | 7 | 8 | 9 | 10 | ....

emotional | 1 | 2 | 3 | 4 | 5 | 5,5 | 6 | 7 | 8 | 9 | 10 | ....

mental | 1 | 2 | 3 | 4 | 5 | 5,5 | 6 | 7 | 8 | 9 | 10 | ....

Weitere Notizen

Durchschnittswert: ....

Abends
Uhrzeit ....   Dauer...........

Wirkungen

körperlich | 1 | 2 | 3 | 4 | 5 | 5,5 | 6 | 7 | 8 | 9 | 10 | ....

emotional | 1 | 2 | 3 | 4 | 5 | 5,5 | 6 | 7 | 8 | 9 | 10 | ....

mental | 1 | 2 | 3 | 4 | 5 | 5,5 | 6 | 7 | 8 | 9 | 10 | ....

Weitere Notizen

Durchschnittswert: ....

Alle Übungsdurchschnittswerte addieren   ....

inkl. Schlafwert _____

geteilt durch 4

Tagesdurchschnittswert   *geteilt durch 3*
oder durch Anzahl von Übungen, falls weniger als 3

178   **Tagesdurchschnitt körperlich** [   ]   **emotional** [   ]   **mental** [   ]

Befinden im Verlaufe des Tages:

Folgende Erlebnisse/Begegnungen waren mir heute wichtig:

Überraschung! Etwas mit dem ich nicht gerechnet habe:

Ich möchte mich heute/jetzt bedanken für:

Was habe ich heute gut gemacht?

Gibt es noch etwas, was mich gedanklich festhält oder ein Problem?
Kann und muss ich das heute Abend oder heute Nacht noch lösen? Oder darf ich es erst einmal loslassen ,um neue Kräfte durch guten Schlaf zu sammeln?

Was kann ich heute aus den Erfahrungen lernen?

Das Thema / die Essenz dieses Tages:
Möglichst nur in einem Wort oder kurzem Satz

Gesamtzeit einschl. Tagebuchführung in Minuten

Keine Meinung. Die Übungen habe ich heute nicht gemacht.

Meine Nacht / mein Schlaf

1	2	3	4	5	5,5	6	7	8	9	10

Zählwerte von 1- 10, die genaue Mitte ist 5,5   _Notizen_

Ich habe den Atem-/Bodyscan mit Dehnungen und die Meditation heute gemacht:

Morgens

Uhrzeit .... Dauer..........

Wirkungen

körperlich

1	2	3	4	5	5,5	6	7	8	9	10

....

emotional

1	2	3	4	5	5,5	6	7	8	9	10

....

mental

1	2	3	4	5	5,5	6	7	8	9	10

....

Weitere Notizen

Durchschnittswert: ....

Mittags

Uhrzeit .... Dauer..........

Wirkungen

körperlich

1	2	3	4	5	5,5	6	7	8	9	10

....

emotional

1	2	3	4	5	5,5	6	7	8	9	10

....

mental

1	2	3	4	5	5,5	6	7	8	9	10

....

Weitere Notizen

Durchschnittswert: ....

Abends

Uhrzeit .... Dauer..........

Wirkungen

körperlich

1	2	3	4	5	5,5	6	7	8	9	10

....

emotional

1	2	3	4	5	5,5	6	7	8	9	10

....

mental

1	2	3	4	5	5,5	6	7	8	9	10

....

Weitere Notizen

Durchschnittswert: ....

Alle Übungsdurchschnittswerte addieren   ....

Tagesdurchschnittswert _geteilt durch 3_
oder durch Anzahl von Übungen, falls weniger als 3

inkl. Schlafwert _____

geteilt durch 4

Tagesdurchschnitt körperlich [ ]   **emotional** [ ]   **mental** [ ]

Befinden im Verlaufe des Tages:

Folgende Erlebnisse/Begegnungen waren mir heute wichtig:

Überraschung! Etwas mit dem ich nicht gerechnet habe:

Ich möchte mich heute/jetzt bedanken für:

Was habe ich heute gut gemacht?

Gibt es noch etwas, was mich gedanklich festhält oder ein Problem?

Kann und muss ich das heute Abend oder heute Nacht noch lösen? Oder darf ich es erst einmal loslassen ,um neue Kräfte durch guten Schlaf zu sammeln?

Was kann ich heute aus den Erfahrungen lernen?

Das Thema / die Essenz dieses Tages:

Möglichst nur in einem Wort oder kurzem Satz

Gesamtzeit einschl. Tagebuchführung in Minuten

Keine Meinung. Die Übungen habe ich heute nicht gemacht.

Meine Nacht / mein Schlaf

1	2	3	4	5	5,5	6	7	8	9	10

Zählwerte von 1- 10, die genaue Mitte ist 5,5   *Notizen*

Ich habe den Atem-/Bodyscan mit Dehnungen und die Meditation heute gemacht:

Morgens
Uhrzeit ....   Dauer...........

Wirkungen

körperlich

1	2	3	4	5	5,5	6	7	8	9	10
....

emotional

1	2	3	4	5	5,5	6	7	8	9	10
....

mental

1	2	3	4	5	5,5	6	7	8	9	10
....

Durchschnittswert: ....

Weitere Notizen

Mittags
Uhrzeit ....   Dauer...........

Wirkungen

körperlich

1	2	3	4	5	5,5	6	7	8	9	10
....

emotional

1	2	3	4	5	5,5	6	7	8	9	10
....

mental

1	2	3	4	5	5,5	6	7	8	9	10
....

Durchschnittswert: ....

Weitere Notizen

Abends
Uhrzeit ....   Dauer...........

Wirkungen

körperlich

1	2	3	4	5	5,5	6	7	8	9	10
....

emotional

1	2	3	4	5	5,5	6	7	8	9	10
....

mental

1	2	3	4	5	5,5	6	7	8	9	10
....

Durchschnittswert: ....

Weitere Notizen

Alle Übungsdurchschnittswerte addieren   ....

inkl. Schlafwert _____

geteilt durch 4

Tagesdurchschnittswert   *geteilt durch 3*
oder durch Anzahl von Übungen, falls weniger als 3

Tagesdurchschnitt körperlich [   ]   **emotional** [   ]   **mental** [   ]

Befinden im Verlaufe des Tages:

Folgende Erlebnisse/Begegnungen waren mir heute wichtig:

Überraschung! Etwas mit dem ich nicht gerechnet habe:

Ich möchte mich heute/jetzt bedanken für:

Was habe ich heute gut gemacht?

Gibt es noch etwas, was mich gedanklich festhält oder ein Problem?

Kann und muss ich das heute Abend oder heute Nacht noch lösen? Oder darf ich es erst einmal loslassen ,um neue Kräfte durch guten Schlaf zu sammeln?

Was kann ich heute aus den Erfahrungen lernen?

Das Thema / die Essenz dieses Tages:

Möglichst nur in einem Wort oder kurzem Satz

Gesamtzeit einschl. Tagebuchführung in Minuten

Keine Meinung. Die Übungen habe ich heute nicht gemacht.

Meine Nacht / mein Schlaf

1	2	3	4	5	5,5	6	7	8	9	10

Zählwerte von 1- 10, die genaue Mitte ist 5,5

Notizen

Ich habe den Atem-/Bodyscan mit Dehnungen und die Meditation heute gemacht:

Morgens

Uhrzeit .... Dauer...........

Wirkungen

körperlich

1	2	3	4	5	5,5	6	7	8	9	10

....

emotional

1	2	3	4	5	5,5	6	7	8	9	10

....

mental

1	2	3	4	5	5,5	6	7	8	9	10

....

Weitere Notizen

Durchschnittswert: ....

Mittags

Uhrzeit .... Dauer...........

Wirkungen

körperlich

1	2	3	4	5	5,5	6	7	8	9	10

....

emotional

1	2	3	4	5	5,5	6	7	8	9	10

....

mental

1	2	3	4	5	5,5	6	7	8	9	10

....

Weitere Notizen

Durchschnittswert: ....

Abends

Uhrzeit .... Dauer...........

Wirkungen

körperlich

1	2	3	4	5	5,5	6	7	8	9	10

....

emotional

1	2	3	4	5	5,5	6	7	8	9	10

....

mental

1	2	3	4	5	5,5	6	7	8	9	10

....

Weitere Notizen

Durchschnittswert: ....

Alle Übungsdurchschnittswerte addieren   ....

Tagesdurchschnittswert *geteilt durch 3
oder durch Anzahl von Übungen, falls weniger als 3*

inkl. Schlafwert _____

geteilt durch 4

Tagesdurchschnitt körperlich [ ]   **emotional** [ ]   **mental** [ ]

Befinden im Verlaufe des Tages:

Folgende Erlebnisse/Begegnungen waren mir heute wichtig:

Überraschung! Etwas mit dem ich nicht gerechnet habe:

Ich möchte mich heute/jetzt bedanken für:

Was habe ich heute gut gemacht?

Gibt es noch etwas, was mich gedanklich festhält oder ein Problem?

Kann und muss ich das heute Abend oder heute Nacht noch lösen? Oder darf ich es erst einmal loslassen ,um neue Kräfte durch guten Schlaf zu sammeln?

Was kann ich heute aus den Erfahrungen lernen?

Das Thema / die Essenz dieses Tages:

Möglichst nur in einem Wort oder kurzem Satz

Gesamtzeit einschl. Tagebuchführung in Minuten

Keine Meinung. Die Übungen habe ich heute nicht gemacht.

Meine Nacht / mein Schlaf | 1 | 2 | 3 | 4 | 5 | **5,5** | 6 | 7 | 8 | 9 | 10 |

Zählwerte von 1- 10, die genaue Mitte ist 5,5   *Notizen*

Ich habe den Atem-/Bodyscan mit Dehnungen und die Meditation heute gemacht:

Morgens
Uhrzeit ....   Dauer...........
Wirkungen

körperlich | 1 | 2 | 3 | 4 | 5 | 5,5 | 6 | 7 | 8 | 9 | 10 | ....

emotional | 1 | 2 | 3 | 4 | 5 | 5,5 | 6 | 7 | 8 | 9 | 10 | ....

mental | 1 | 2 | 3 | 4 | 5 | 5,5 | 6 | 7 | 8 | 9 | 10 | ....

Weitere Notizen

Durchschnittswert: ....

Mittags
Uhrzeit ....   Dauer...........
Wirkungen

körperlich | 1 | 2 | 3 | 4 | 5 | 5,5 | 6 | 7 | 8 | 9 | 10 | ....

emotional | 1 | 2 | 3 | 4 | 5 | 5,5 | 6 | 7 | 8 | 9 | 10 | ....

mental | 1 | 2 | 3 | 4 | 5 | 5,5 | 6 | 7 | 8 | 9 | 10 | ....

Weitere Notizen

Durchschnittswert: ....

Abends
Uhrzeit ....   Dauer...........
Wirkungen

körperlich | 1 | 2 | 3 | 4 | 5 | 5,5 | 6 | 7 | 8 | 9 | 10 | ....

emotional | 1 | 2 | 3 | 4 | 5 | 5,5 | 6 | 7 | 8 | 9 | 10 | ....

mental | 1 | 2 | 3 | 4 | 5 | 5,5 | 6 | 7 | 8 | 9 | 10 | ....

Weitere Notizen

Durchschnittswert: ....

Alle Übungsdurchschnittswerte addieren   ....

inkl. Schlafwert _____

geteilt durch 4

Tagesdurchschnittswert   *geteilt durch 3*
oder durch Anzahl von Übungen, falls weniger als 3

Tagesdurchschnitt körperlich [   ]   **emotional** [   ]   **mental** [   ]

Befinden im Verlaufe des Tages:

Folgende Erlebnisse/Begegnungen waren mir heute wichtig:

Überraschung! Etwas mit dem ich nicht gerechnet habe:

Ich möchte mich heute/jetzt bedanken für:

Was habe ich heute gut gemacht?

Gibt es noch etwas, was mich gedanklich festhält oder ein Problem?
Kann und muss ich das heute Abend oder heute Nacht noch lösen? Oder darf ich es erst einmal loslassen ,um neue Kräfte durch guten Schlaf zu sammeln?

Was kann ich heute aus den Erfahrungen lernen?

Das Thema / die Essenz dieses Tages:
Möglichst nur in einem Wort oder kurzem Satz

Gesamtzeit einschl. Tagebuchführung in Minuten

Keine Meinung. Die Übungen habe ich heute nicht gemacht.

Meine Nacht / mein Schlaf

1	2	3	4	5	5,5	6	7	8	9	10

Zählwerte von 1- 10, die genaue Mitte ist 5,5

Notizen

Ich habe den Atem-/Bodyscan mit Dehnungen und die Meditation heute gemacht:

Morgens
Uhrzeit ....   Dauer..........

Wirkungen

körperlich

1	2	3	4	5	5,5	6	7	8	9	10

....

emotional

1	2	3	4	5	5,5	6	7	8	9	10

....

mental

1	2	3	4	5	5,5	6	7	8	9	10

....

Weitere Notizen

Durchschnittswert: ....

Mittags
Uhrzeit ....   Dauer..........

Wirkungen

körperlich

1	2	3	4	5	5,5	6	7	8	9	10

....

emotional

1	2	3	4	5	5,5	6	7	8	9	10

....

mental

1	2	3	4	5	5,5	6	7	8	9	10

....

Weitere Notizen

Durchschnittswert: ....

Abends
Uhrzeit ....   Dauer..........

Wirkungen

körperlich

1	2	3	4	5	5,5	6	7	8	9	10

....

emotional

1	2	3	4	5	5,5	6	7	8	9	10

....

mental

1	2	3	4	5	5,5	6	7	8	9	10

....

Weitere Notizen

Durchschnittswert: ....

Alle Übungsdurchschnittswerte addieren   ....

inkl. Schlafwert _____

geteilt durch 4

Tagesdurchschnittswert _geteilt durch 3_
oder durch Anzahl von Übungen, falls weniger als 3

Tagesdurchschnitt körperlich [ ]   **emotional** [ ]   **mental** [ ]

Befinden im Verlaufe des Tages:

Folgende Erlebnisse/Begegnungen waren mir heute wichtig:

Überraschung! Etwas mit dem ich nicht gerechnet habe:

Ich möchte mich heute/jetzt bedanken für:

Was habe ich heute gut gemacht?

Gibt es noch etwas, was mich gedanklich festhält oder ein Problem?
Kann und muss ich das heute Abend oder heute Nacht noch lösen? Oder darf ich es erst einmal loslassen ,um neue Kräfte durch guten Schlaf zu sammeln?

Was kann ich heute aus den Erfahrungen lernen?

Das Thema / die Essenz dieses Tages:
Möglichst nur in einem Wort oder kurzem Satz

Gesamtzeit einschl. Tagebuchführung in Minuten

Keine Meinung. Die Übungen habe ich heute nicht gemacht.

Wie viel Zeit habe ich insgesamt für die Übungen
inkl. der abendlichen Tagebuchführung investiert?

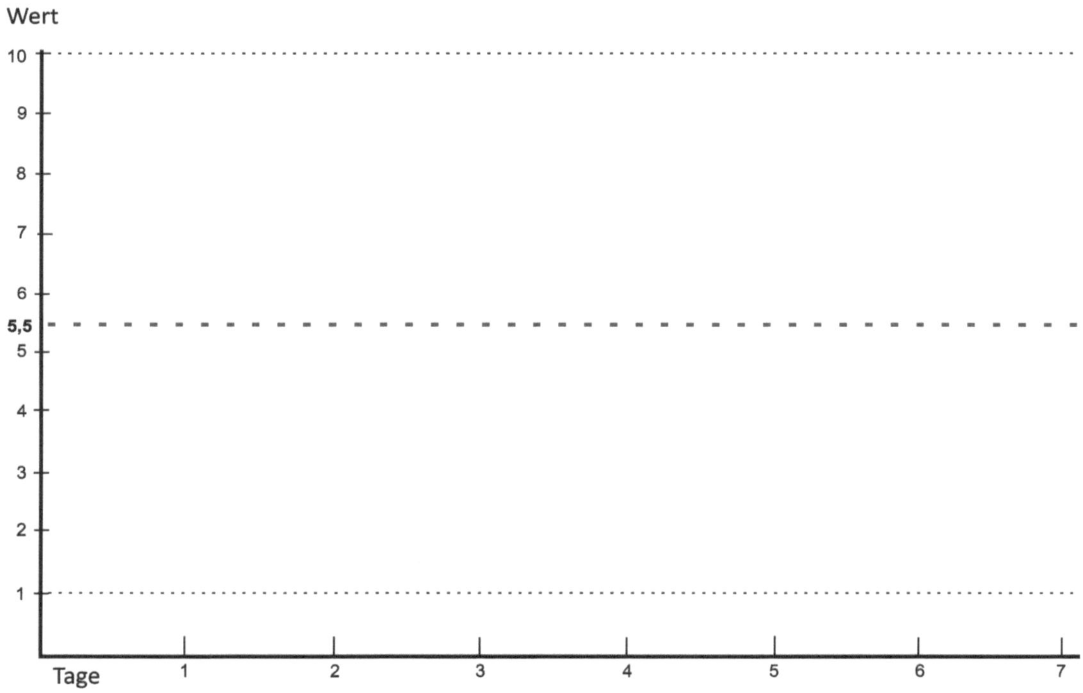

Wert

10 ┄┄┄┄┄┄┄┄┄┄┄┄┄┄┄┄┄┄┄┄┄

9

8

7

6

5,5 ─ ─ ─ ─ ─ ─ ─ ─ ─ ─ ─ ─ ─ ─
5

4

3

2

1 ┄┄┄┄┄┄┄┄┄┄┄┄┄┄┄┄┄┄┄┄┄

Tage   1   2   3   4   5   6   7

Übertrage zuerst die Tagesgesamtwertzahlen und verbinde die Punkte miteinander zu einer dicken Linie.

Trage anschließend die weiteren Werte für körperliches, emotionales, mentales Befinden sowie Schlafbefinden ein und verbinde sie ebenso zu Kurven – am besten mit verschiedenen Farbstiften oder zur Unterscheidung kenntlichen Markierungen.

Die Mittelwert ist 5,5. Liegt deine Kurve insgesamt über dieser Linie oder unter der Linie?

Gesamtdurchschnittswert der Woche für die Übungen:
Tageswerte addieren- durch 7 teilen bzw. der absolvierten Übungstage

Wochengesamtwert

Gesamtwert inkl. Schlafwerte ....

Wochenwert körperlich ....
Wochenwert emotional ....
Wochenwert mental ....
Wochenwert Schlaf ....

In meinem Befinden hat sich etwas verändert

körperlich

emotional

mental

Falls ja. Welche Gründe gibt es für die Veränderung?

Ich möchte mich für die vergangene Woche besonders bedanken für:
Schau noch einmal auf deine Danksagungen. Entscheide dich für eine oder zwei Danksagungen oder schreibe etwas Neues auf, was dir einfällt:

Ich habe folgendes wirklich gut gemacht. Dafür nehme ich mich jetzt in die Arme und wert-schätze mich: *Schau noch einmal auf die Tagebucheintragungen der Woche. Wähle 2 -3 Fakten aus*

Ein Ereignis hat mich besonders in meiner Alltagsroutine überrascht:
Bitte schau rückblickend auf die Frage „Überraschung"

Meine Erkenntnis aus dieser Überraschung ist....

Was mir noch wichtig ist hier einzutragen
Brainstorming, Worte, Gedanken

Meine Essenzen der jeweiligen Tage

Bitte trage alles, was du in Tagesessenzen aufgeschrieben hast, hier noch einmal ein:

Für mich ergibt sich ein Thema / eine Erkenntnis aus den Essenzen?

Aus dieser Erkenntnis möchte ich in den kommenden Tagen folgendes umsetzen:

To-do-Liste und wie

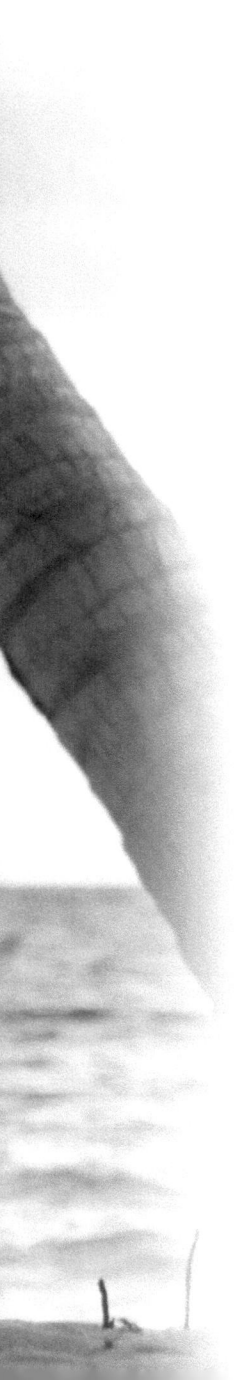

Meine Nacht / mein Schlaf | 1 | 2 | 3 | 4 | 5 | **5,5** | 6 | 7 | 8 | 9 | 10 |

Zählwerte von 1- 10, die genaue Mitte ist 5,5   *Notizen*

Ich habe den Atem-/Bodyscan mit Dehnungen und die Meditation heute gemacht:

Morgens

Uhrzeit ....   Dauer...........

Wirkungen

körperlich | 1 | 2 | 3 | 4 | 5 | 5,5 | 6 | 7 | 8 | 9 | 10 | ....

emotional | 1 | 2 | 3 | 4 | 5 | 5,5 | 6 | 7 | 8 | 9 | 10 | ....

mental | 1 | 2 | 3 | 4 | 5 | 5,5 | 6 | 7 | 8 | 9 | 10 | ....

Weitere Notizen

Durchschnittswert: ....

Mittags

Uhrzeit ....   Dauer...........

Wirkungen

körperlich | 1 | 2 | 3 | 4 | 5 | 5,5 | 6 | 7 | 8 | 9 | 10 | ....

emotional | 1 | 2 | 3 | 4 | 5 | 5,5 | 6 | 7 | 8 | 9 | 10 | ....

mental | 1 | 2 | 3 | 4 | 5 | 5,5 | 6 | 7 | 8 | 9 | 10 | ....

Weitere Notizen

Durchschnittswert: ....

Abends

Uhrzeit ....   Dauer...........

Wirkungen

körperlich | 1 | 2 | 3 | 4 | 5 | 5,5 | 6 | 7 | 8 | 9 | 10 | ....

emotional | 1 | 2 | 3 | 4 | 5 | 5,5 | 6 | 7 | 8 | 9 | 10 | ....

mental | 1 | 2 | 3 | 4 | 5 | 5,5 | 6 | 7 | 8 | 9 | 10 | ....

Weitere Notizen

Durchschnittswert: ....

Alle Übungsdurchschnittswerte addieren   ....

inkl. Schlafwert _____

Tagesdurchschnittswert   *geteilt durch 3*
oder durch Anzahl von Übungen, falls weniger als 3

geteilt durch 4

Tagesdurchschnitt körperlich   **emotional**   **mental**

Befinden im Verlaufe des Tages:

Folgende Erlebnisse/Begegnungen waren mir heute wichtig:

Überraschung! Etwas mit dem ich nicht gerechnet habe:

Ich möchte mich heute/jetzt bedanken für:

Was habe ich heute gut gemacht?

Gibt es noch etwas, was mich gedanklich festhält oder ein Problem?
Kann und muss ich das heute Abend oder heute Nacht noch lösen? Oder darf ich es erst einmal loslassen ,um neue Kräfte durch guten Schlaf zu sammeln?

Was kann ich heute aus den Erfahrungen lernen?

Das Thema / die Essenz dieses Tages:
Möglichst nur in einem Wort oder kurzem Satz

Gesamtzeit einschl. Tagebuchführung in Minuten

Keine Meinung. Die Übungen habe ich heute nicht gemacht.

197

Meine Nacht / mein Schlaf

1	2	3	4	5	5,5	6	7	8	9	10

Zählwerte von 1- 10, die genaue Mitte ist 5,5

Notizen

Ich habe den Atem-/Bodyscan mit Dehnungen und die Meditation heute gemacht:

Morgens

Uhrzeit ....   Dauer...........

Wirkungen

körperlich

1	2	3	4	5	5,5	6	7	8	9	10

....

emotional

1	2	3	4	5	5,5	6	7	8	9	10

....

mental

1	2	3	4	5	5,5	6	7	8	9	10

....

Weitere Notizen

Durchschnittswert: ....

Mittags

Uhrzeit ....   Dauer...........

Wirkungen

körperlich

1	2	3	4	5	5,5	6	7	8	9	10

....

emotional

1	2	3	4	5	5,5	6	7	8	9	10

....

mental

1	2	3	4	5	5,5	6	7	8	9	10

....

Weitere Notizen

Durchschnittswert: ....

Abends

Uhrzeit ....   Dauer...........

Wirkungen

körperlich

1	2	3	4	5	5,5	6	7	8	9	10

....

emotional

1	2	3	4	5	5,5	6	7	8	9	10

....

mental

1	2	3	4	5	5,5	6	7	8	9	10

....

Weitere Notizen

Durchschnittswert: ....

Alle Übungsdurchschnittswerte addieren   ....

inkl. Schlafwert _____

Tagesdurchschnittswert   *geteilt durch 3*
oder durch Anzahl von Übungen, falls weniger als 3

geteilt durch 4

Tagesdurchschnitt körperlich [ ]   **emotional** [ ]   **mental** [ ]

Befinden im Verlaufe des Tages:

Folgende Erlebnisse/Begegnungen waren mir heute wichtig:

Überraschung! Etwas mit dem ich nicht gerechnet habe:

Ich möchte mich heute/jetzt bedanken für:

Was habe ich heute gut gemacht?

Gibt es noch etwas, was mich gedanklich festhält oder ein Problem?
Kann und muss ich das heute Abend oder heute Nacht noch lösen? Oder darf ich es erst einmal loslassen ,um neue Kräfte durch guten Schlaf zu sammeln?

Was kann ich heute aus den Erfahrungen lernen?

Das Thema / die Essenz dieses Tages:
Möglichst nur in einem Wort oder kurzem Satz

Gesamtzeit einschl. Tagebuchführung in Minuten

Keine Meinung. Die Übungen habe ich heute nicht gemacht.

Meine Nacht / mein Schlaf | 1 | 2 | 3 | 4 | 5 | 5,5 | 6 | 7 | 8 | 9 | 10 |

Zählwerte von 1- 10, die genaue Mitte ist 5,5   *Notizen*

Ich habe den Atem-/Bodyscan mit Dehnungen und die Meditation heute gemacht:

Morgens
Uhrzeit ....   Dauer...........

Wirkungen

Weitere Notizen

körperlich | 1 | 2 | 3 | 4 | 5 | 5,5 | 6 | 7 | 8 | 9 | 10 | ....

emotional | 1 | 2 | 3 | 4 | 5 | 5,5 | 6 | 7 | 8 | 9 | 10 | ....

mental | 1 | 2 | 3 | 4 | 5 | 5,5 | 6 | 7 | 8 | 9 | 10 | ....

Durchschnittswert: ....

Mittags
Uhrzeit ....   Dauer...........

Wirkungen

Weitere Notizen

körperlich | 1 | 2 | 3 | 4 | 5 | 5,5 | 6 | 7 | 8 | 9 | 10 | ....

emotional | 1 | 2 | 3 | 4 | 5 | 5,5 | 6 | 7 | 8 | 9 | 10 | ....

mental | 1 | 2 | 3 | 4 | 5 | 5,5 | 6 | 7 | 8 | 9 | 10 | ....

Durchschnittswert: ....

Abends
Uhrzeit ....   Dauer...........

Wirkungen

Weitere Notizen

körperlich | 1 | 2 | 3 | 4 | 5 | 5,5 | 6 | 7 | 8 | 9 | 10 | ....

emotional | 1 | 2 | 3 | 4 | 5 | 5,5 | 6 | 7 | 8 | 9 | 10 | ....

mental | 1 | 2 | 3 | 4 | 5 | 5,5 | 6 | 7 | 8 | 9 | 10 | ....

Durchschnittswert: ....

Alle Übungsdurchschnittswerte addieren   ....

inkl. Schlafwert _____

geteilt durch 4

Tagesdurchschnittswert *geteilt durch 3*
oder durch Anzahl von Übungen, falls weniger als 3

Tagesdurchschnitt körperlich   **emotional**   **mental**

Befinden im Verlaufe des Tages:

Folgende Erlebnisse/Begegnungen waren mir heute wichtig:

Überraschung! Etwas mit dem ich nicht gerechnet habe:

Ich möchte mich heute/jetzt bedanken für:

Was habe ich heute gut gemacht?

Gibt es noch etwas, was mich gedanklich festhält oder ein Problem?

Kann und muss ich das heute Abend oder heute Nacht noch lösen? Oder darf ich es erst einmal loslassen ,um neue Kräfte durch guten Schlaf zu sammeln?

Was kann ich heute aus den Erfahrungen lernen?

Das Thema / die Essenz dieses Tages:

Möglichst nur in einem Wort oder kurzem Satz

Gesamtzeit einschl. Tagebuchführung in Minuten

Keine Meinung. Die Übungen habe ich heute nicht gemacht.

Meine Nacht / mein Schlaf

1	2	3	4	5	5,5	6	7	8	9	10

Zählwerte von 1- 10, die genaue Mitte ist 5,5

Notizen

Ich habe den Atem-/Bodyscan mit Dehnungen und die Meditation heute gemacht:

Morgens

Uhrzeit ....   Dauer..........

Wirkungen

Weitere Notizen

körperlich

1	2	3	4	5	5,5	6	7	8	9	10	....

emotional

1	2	3	4	5	5,5	6	7	8	9	10	....

mental

1	2	3	4	5	5,5	6	7	8	9	10	....

Durchschnittswert: ....

Mittags

Uhrzeit ....   Dauer..........

Wirkungen

Weitere Notizen

körperlich

1	2	3	4	5	5,5	6	7	8	9	10	....

emotional

1	2	3	4	5	5,5	6	7	8	9	10	....

mental

1	2	3	4	5	5,5	6	7	8	9	10	....

Durchschnittswert: ....

Abends

Uhrzeit ....   Dauer..........

Wirkungen

Weitere Notizen

körperlich

1	2	3	4	5	5,5	6	7	8	9	10	....

emotional

1	2	3	4	5	5,5	6	7	8	9	10	....

mental

1	2	3	4	5	5,5	6	7	8	9	10	....

Durchschnittswert: ....

Alle Übungsdurchschnittswerte addieren   ....

inkl. Schlafwert _____

geteilt durch 4

Tagesdurchschnittswert   *geteilt durch 3*
oder durch Anzahl von Übungen, falls weniger als 3

Tagesdurchschnitt körperlich [   ]   **emotional** [   ]   **mental** [   ]

Befinden im Verlaufe des Tages:

Folgende Erlebnisse/Begegnungen waren mir heute wichtig:

Überraschung! Etwas mit dem ich nicht gerechnet habe:

Ich möchte mich heute/jetzt bedanken für:

Was habe ich heute gut gemacht?

Gibt es noch etwas, was mich gedanklich festhält oder ein Problem?

Kann und muss ich das heute Abend oder heute Nacht noch lösen? Oder darf ich es erst einmal loslassen ,um neue Kräfte durch guten Schlaf zu sammeln?

Was kann ich heute aus den Erfahrungen lernen?

Das Thema / die Essenz dieses Tages:

Möglichst nur in einem Wort oder kurzem Satz

Gesamtzeit einschl. Tagebuchführung in Minuten

Keine Meinung. Die Übungen habe ich heute nicht gemacht.

Meine Nacht / mein Schlaf | 1 | 2 | 3 | 4 | 5 | 5,5 | 6 | 7 | 8 | 9 | 10 |

Zählwerte von 1- 10, die genaue Mitte ist 5,5   *Notizen*

Ich habe den Atem-/Bodyscan mit Dehnungen und die Meditation heute gemacht:

Morgens
Uhrzeit ....   Dauer...........
Wirkungen

körperlich	1	2	3	4	5	5,5	6	7	8	9	10	....
emotional	1	2	3	4	5	5,5	6	7	8	9	10	....
mental	1	2	3	4	5	5,5	6	7	8	9	10	....

Weitere Notizen

Durchschnittswert: ....

Mittags
Uhrzeit ....   Dauer...........
Wirkungen

körperlich	1	2	3	4	5	5,5	6	7	8	9	10	....
emotional	1	2	3	4	5	5,5	6	7	8	9	10	....
mental	1	2	3	4	5	5,5	6	7	8	9	10	....

Weitere Notizen

Durchschnittswert: ....

Abends
Uhrzeit ....   Dauer...........
Wirkungen

körperlich	1	2	3	4	5	5,5	6	7	8	9	10	....
emotional	1	2	3	4	5	5,5	6	7	8	9	10	....
mental	1	2	3	4	5	5,5	6	7	8	9	10	....

Weitere Notizen

Durchschnittswert: ....

Alle Übungsdurchschnittswerte addieren   ....

inkl. Schlafwert _____

geteilt durch 4

Tagesdurchschnittswert *geteilt durch 3*
oder durch Anzahl von Übungen, falls weniger als 3

Tagesdurchschnitt körperlich   **emotional**   **mental**

Befinden im Verlaufe des Tages:

Folgende Erlebnisse/Begegnungen waren mir heute wichtig:

Überraschung! Etwas mit dem ich nicht gerechnet habe:

Ich möchte mich heute/jetzt bedanken für:

Was habe ich heute gut gemacht?

Gibt es noch etwas, was mich gedanklich festhält oder ein Problem?
Kann und muss ich das heute Abend oder heute Nacht noch lösen? Oder darf ich es erst einmal loslassen, um neue Kräfte durch guten Schlaf zu sammeln?

Was kann ich heute aus den Erfahrungen lernen?

Das Thema / die Essenz dieses Tages:
Möglichst nur in einem Wort oder kurzem Satz

Gesamtzeit einschl. Tagebuchführung in Minuten

Keine Meinung. Die Übungen habe ich heute nicht gemacht.

Meine Nacht / mein Schlaf | 1 | 2 | 3 | 4 | 5 | **5,5** | 6 | 7 | 8 | 9 | 10 |

Zählwerte von 1- 10, die genaue Mitte ist 5,5   *Notizen*

Ich habe den Atem-/Bodyscan mit Dehnungen und die Meditation heute gemacht:

Morgens
Uhrzeit ....   Dauer..........
Wirkungen

Weitere Notizen

körperlich | 1 | 2 | 3 | 4 | 5 | **5,5** | 6 | 7 | 8 | 9 | 10 | ....

emotional | 1 | 2 | 3 | 4 | 5 | **5,5** | 6 | 7 | 8 | 9 | 10 | ....

mental | 1 | 2 | 3 | 4 | 5 | **5,5** | 6 | 7 | 8 | 9 | 10 | ....

Durchschnittswert: ....

Mittags
Uhrzeit ....   Dauer..........
Wirkungen

Weitere Notizen

körperlich | 1 | 2 | 3 | 4 | 5 | **5,5** | 6 | 7 | 8 | 9 | 10 | ....

emotional | 1 | 2 | 3 | 4 | 5 | **5,5** | 6 | 7 | 8 | 9 | 10 | ....

mental | 1 | 2 | 3 | 4 | 5 | **5,5** | 6 | 7 | 8 | 9 | 10 | ....

Durchschnittswert: ....

Abends
Uhrzeit ....   Dauer..........
Wirkungen

Weitere Notizen

körperlich | 1 | 2 | 3 | 4 | 5 | **5,5** | 6 | 7 | 8 | 9 | 10 | ....

emotional | 1 | 2 | 3 | 4 | 5 | **5,5** | 6 | 7 | 8 | 9 | 10 | ....

mental | 1 | 2 | 3 | 4 | 5 | **5,5** | 6 | 7 | 8 | 9 | 10 | ....

Durchschnittswert: ....

Alle Übungsdurchschnittswerte addieren   ....

inkl. Schlafwert _____

Tagesdurchschnittswert *geteilt durch 3*
oder durch Anzahl von Übungen, falls weniger als 3

geteilt durch 4

Tagesdurchschnitt körperlich   **emotional**   **mental**

Befinden im Verlaufe des Tages:

Folgende Erlebnisse/Begegnungen waren mir heute wichtig:

Überraschung! Etwas mit dem ich nicht gerechnet habe:

Ich möchte mich heute/jetzt bedanken für:

Was habe ich heute gut gemacht?

Gibt es noch etwas, was mich gedanklich festhält oder ein Problem?
Kann und muss ich das heute Abend oder heute Nacht noch lösen? Oder darf ich es erst einmal loslassen ,um neue Kräfte durch guten Schlaf zu sammeln?

Was kann ich heute aus den Erfahrungen lernen?

Das Thema / die Essenz dieses Tages:
Möglichst nur in einem Wort oder kurzem Satz

Gesamtzeit einschl. Tagebuchführung in Minuten

Keine Meinung. Die Übungen habe ich heute nicht gemacht.

Meine Nacht / mein Schlaf

1	2	3	4	5	5,5	6	7	8	9	10

Zählwerte von 1- 10, die genaue Mitte ist 5,5   _Notizen_

Ich habe den Atem-/Bodyscan mit Dehnungen und die Meditation heute gemacht:

Morgens
Uhrzeit ....   Dauer...........
Wirkungen

körperlich

1	2	3	4	5	5,5	6	7	8	9	10

....

emotional

1	2	3	4	5	5,5	6	7	8	9	10

....

mental

1	2	3	4	5	5,5	6	7	8	9	10

....

Durchschnittswert: ....

Weitere Notizen

Mittags
Uhrzeit ....   Dauer...........
Wirkungen

körperlich

1	2	3	4	5	5,5	6	7	8	9	10

emotional

1	2	3	4	5	5,5	6	7	8	9	10

....

mental

1	2	3	4	5	5,5	6	7	8	9	10

....

Durchschnittswert: ....

Weitere Notizen

Abends
Uhrzeit ....   Dauer...........
Wirkungen

körperlich

1	2	3	4	5	5,5	6	7	8	9	10

....

emotional

1	2	3	4	5	5,5	6	7	8	9	10

....

mental

1	2	3	4	5	5,5	6	7	8	9	10

....

Durchschnittswert: ....

Weitere Notizen

Alle Übungsdurchschnittswerte addieren   ....

inkl. Schlafwert _____

geteilt durch 4

Tagesdurchschnittswert _geteilt durch 3_
oder durch Anzahl von Übungen, falls weniger als 3

Tagesdurchschnitt körperlich [   ]   **emotional** [   ]   **mental** [   ]

Befinden im Verlaufe des Tages:

Folgende Erlebnisse/Begegnungen waren mir heute wichtig:

Überraschung! Etwas mit dem ich nicht gerechnet habe:

Ich möchte mich heute/jetzt bedanken für:

Was habe ich heute gut gemacht?

Gibt es noch etwas, was mich gedanklich festhält oder ein Problem?

Kann und muss ich das heute Abend oder heute Nacht noch lösen? Oder darf ich es erst einmal loslassen ,um neue Kräfte durch guten Schlaf zu sammeln?

Was kann ich heute aus den Erfahrungen lernen?

Das Thema / die Essenz dieses Tages:

Möglichst nur in einem Wort oder kurzem Satz

Gesamtzeit einschl. Tagebuchführung in Minuten

Keine Meinung. Die Übungen habe ich heute nicht gemacht.

Wie viel Zeit habe ich insgesamt für die Übungen
inkl. der abendlichen Tagebuchführung investiert?

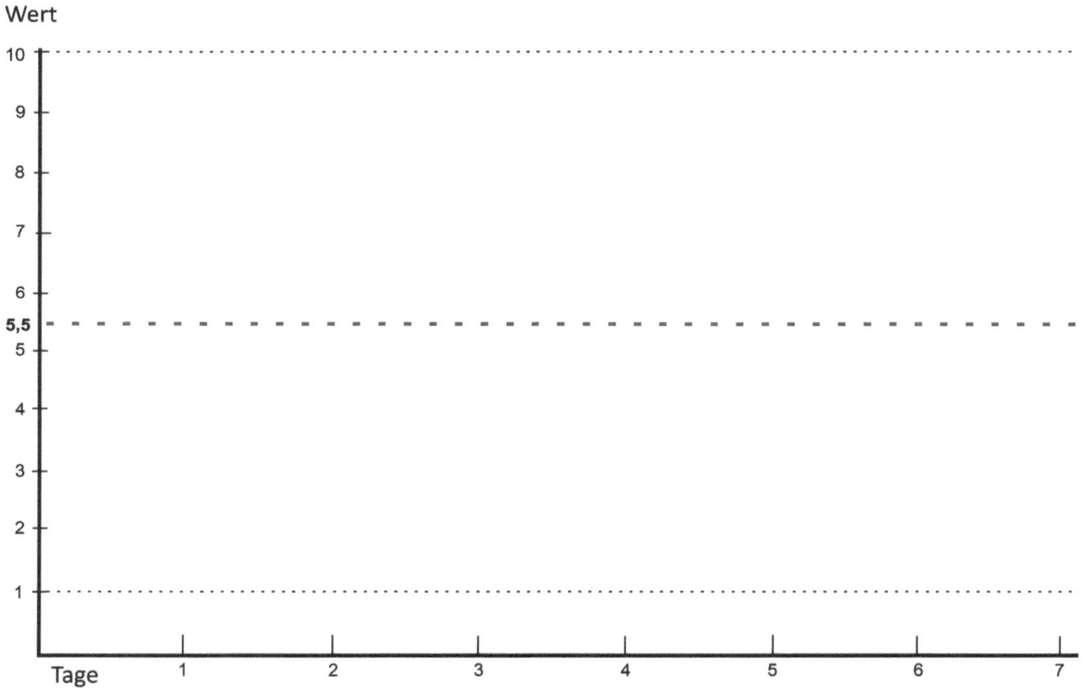

Wert

```
10 ......................................................................................
 9
 8
 7
 6
5,5 — — — — — — — — — — — — — — — — — — — — — —
 5
 4
 3
 2
 1 ......................................................................................

Tage    1       2       3       4       5       6       7
```

Übertrage zuerst die Tagesgesamtwertzahlen und verbinde die Punkte miteinander zu einer dicken Linie.

Trage anschließend die weiteren Werte für körperliches, emotionales, mentales Befinden sowie Schlafbefinden ein und verbinde sie ebenso zu Kurven – am besten mit verschiedenen Farbstiften oder zur Unterscheidung kenntlichen Markierungen.

Die Mittelwert ist 5,5. Liegt deine Kurve insgesamt über dieser Linie oder unter der Linie?

Gesamtdurchschnittswert der Woche für die Übungen:
Tageswerte addieren- durch 7 teilen bzw. der absolvierten Übungstage

Wochengesamtwert

Gesamtwert inkl. Schlafwerte ....

Wochenwert körperlich ....
Wochenwert emotional ....
Wochenwert mental ....
Wochenwert Schlaf ....

In meinem Befinden hat sich etwas verändert

körperlich

emotional

mental

Falls ja. Welche Gründe gibt es für die Veränderung?

Ich möchte mich für die vergangene Woche besonders bedanken für:
Schau noch einmal auf deine Danksagungen. Entscheide dich für eine oder zwei Danksagungen oder schreibe etwas Neues auf, was dir einfällt:

Ich habe folgendes wirklich gut gemacht. Dafür nehme ich mich jetzt in die Arme und wert-
schätze mich: *Schau noch einmal auf die Tagebucheintragungen der Woche. Wähle 2 -3 Fakten aus*

Ein Ereignis hat mich besonders in meiner Alltagsroutine überrascht:
Bitte schau rückblickend auf die Frage „Überraschung"

Meine Erkenntnis aus dieser Überraschung ist....

Was mir noch wichtig ist hier einzutragen
Brainstorming, Worte, Gedanken

Meine Essenzen der jeweiligen Tage

Bitte trage alles, was du in Tagesessenzen aufgeschrieben hast, hier noch einmal ein:

Für mich ergibt sich ein Thema / eine Erkenntnis aus den Essenzen?

Aus dieser Erkenntnis möchte ich in den kommenden Tagen folgendes umsetzen:

To-do-Liste und wie

Meine Nacht / mein Schlaf | 1 | 2 | 3 | 4 | 5 | **5,5** | 6 | 7 | 8 | 9 | 10 |

Zählwerte von 1- 10, die genaue Mitte ist 5,5　　　　　　*Notizen*

Ich habe den Atem-/Bodyscan mit Dehnungen und die Meditation heute gemacht:

Morgens
Uhrzeit .... 　　　 Dauer...........

Wirkungen

körperlich | 1 | 2 | 3 | 4 | 5 | **5,5** | 6 | 7 | 8 | 9 | 10 | ....

emotional | 1 | 2 | 3 | 4 | 5 | **5,5** | 6 | 7 | 8 | 9 | 10 | ....

mental | 1 | 2 | 3 | 4 | 5 | **5,5** | 6 | 7 | 8 | 9 | 10 | ....

Weitere Notizen

Durchschnittswert: 　　　　　　..........

Mittags
Uhrzeit .... 　　　 Dauer...........

Wirkungen

körperlich | 1 | 2 | 3 | 4 | 5 | **5,5** | 6 | 7 | 8 | 9 | 10 | ....

emotional | 1 | 2 | 3 | 4 | 5 | **5,5** | 6 | 7 | 8 | 9 | 10 | ....

mental | 1 | 2 | 3 | 4 | 5 | **5,5** | 6 | 7 | 8 | 9 | 10 | ....

Weitere Notizen

Durchschnittswert: 　　　　　　..........

Abends
Uhrzeit .... 　　　 Dauer...........

Wirkungen

körperlich | 1 | 2 | 3 | 4 | 5 | **5,5** | 6 | 7 | 8 | 9 | 10 | ....

emotional | 1 | 2 | 3 | 4 | 5 | **5,5** | 6 | 7 | 8 | 9 | 10 | ....

mental | 1 | 2 | 3 | 4 | 5 | **5,5** | 6 | 7 | 8 | 9 | 10 | ....

Weitere Notizen

Durchschnittswert: 　　　　　　..........

Alle Übungsdurchschnittswerte addieren 　　..........................

inkl. Schlafwert _____

geteilt durch 4

Tagesdurchschnittswert *geteilt durch 3*
oder durch Anzahl von Übungen, falls weniger als 3

Tagesdurchschnitt körperlich [　] **emotional** [　] **mental** [　]

Befinden im Verlaufe des Tages:

Folgende Erlebnisse/Begegnungen waren mir heute wichtig:

Überraschung! Etwas mit dem ich nicht gerechnet habe:

Ich möchte mich heute/jetzt bedanken für:

Was habe ich heute gut gemacht?

Gibt es noch etwas, was mich gedanklich festhält oder ein Problem?

Kann und muss ich das heute Abend oder heute Nacht noch lösen? Oder darf ich es erst einmal loslassen ,um neue Kräfte durch guten Schlaf zu sammeln?

Was kann ich heute aus den Erfahrungen lernen?

Das Thema / die Essenz dieses Tages:

Möglichst nur in einem Wort oder kurzem Satz

Gesamtzeit einschl. Tagebuchführung in Minuten

Keine Meinung. Die Übungen habe ich heute nicht gemacht.

Meine Nacht / mein Schlaf

1	2	3	4	5	5,5	6	7	8	9	10

Zählwerte von 1- 10, die genaue Mitte ist 5,5 · *Notizen*

Ich habe den Atem-/Bodyscan mit Dehnungen und die Meditation heute gemacht:

Morgens

Uhrzeit .... Dauer...........

Wirkungen

körperlich
| 1 | 2 | 3 | 4 | 5 | 5,5 | 6 | 7 | 8 | 9 | 10 | ....

emotional
| 1 | 2 | 3 | 4 | 5 | 5,5 | 6 | 7 | 8 | 9 | 10 | ....

mental
| 1 | 2 | 3 | 4 | 5 | 5,5 | 6 | 7 | 8 | 9 | 10 | ....

Durchschnittswert: ....

Weitere Notizen

Mittags

Uhrzeit .... Dauer...........

Wirkungen

körperlich
| 1 | 2 | 3 | 4 | 5 | 5,5 | 6 | 7 | 8 | 9 | 10 | ....

emotional
| 1 | 2 | 3 | 4 | 5 | 5,5 | 6 | 7 | 8 | 9 | 10 | ....

mental
| 1 | 2 | 3 | 4 | 5 | 5,5 | 6 | 7 | 8 | 9 | 10 | ....

Durchschnittswert: ....

Weitere Notizen

Abends

Uhrzeit .... Dauer...........

Wirkungen

körperlich
| 1 | 2 | 3 | 4 | 5 | 5,5 | 6 | 7 | 8 | 9 | 10 | ....

emotional
| 1 | 2 | 3 | 4 | 5 | 5,5 | 6 | 7 | 8 | 9 | 10 | ....

mental
| 1 | 2 | 3 | 4 | 5 | 5,5 | 6 | 7 | 8 | 9 | 10 | ....

Durchschnittswert: ....

Weitere Notizen

Alle Übungsdurchschnittswerte addieren ....

Tagesdurchschnittswert *geteilt durch 3 oder durch Anzahl von Übungen, falls weniger als 3*

inkl. Schlafwert _____

geteilt durch 4

Tagesdurchschnitt körperlich [ ] **emotional** [ ] **mental** [ ]

Befinden im Verlaufe des Tages:

Folgende Erlebnisse/Begegnungen waren mir heute wichtig:

Überraschung! Etwas mit dem ich nicht gerechnet habe:

Ich möchte mich heute/jetzt bedanken für:

Was habe ich heute gut gemacht?

Gibt es noch etwas, was mich gedanklich festhält oder ein Problem?
Kann und muss ich das heute Abend oder heute Nacht noch lösen? Oder darf ich es erst einmal loslassen ,um neue Kräfte durch guten Schlaf zu sammeln?

Was kann ich heute aus den Erfahrungen lernen?

Das Thema / die Essenz dieses Tages:
Möglichst nur in einem Wort oder kurzem Satz

Gesamtzeit einschl. Tagebuchführung in Minuten

Keine Meinung. Die Übungen habe ich heute nicht gemacht.

Meine Nacht / mein Schlaf

1	2	3	4	5	5,5	6	7	8	9	10

Zählwerte von 1- 10, die genaue Mitte ist 5,5

_____
Notizen

Ich habe den Atem-/Bodyscan mit Dehnungen und die Meditation heute gemacht:

Morgens
Uhrzeit .... Dauer...........
Wirkungen

körperlich

1	2	3	4	5	5,5	6	7	8	9	10
....

emotional

1	2	3	4	5	5,5	6	7	8	9	10
....

mental

1	2	3	4	5	5,5	6	7	8	9	10
....

Weitere Notizen

Durchschnittswert: ....

Mittags
Uhrzeit .... Dauer...........
Wirkungen

körperlich

1	2	3	4	5	5,5	6	7	8	9	10
....

emotional

1	2	3	4	5	5,5	6	7	8	9	10
....

mental

1	2	3	4	5	5,5	6	7	8	9	10
....

Weitere Notizen

Durchschnittswert: ....

Abends
Uhrzeit .... Dauer...........
Wirkungen

körperlich

1	2	3	4	5	5,5	6	7	8	9	10
....

emotional

1	2	3	4	5	5,5	6	7	8	9	10
....

mental

1	2	3	4	5	5,5	6	7	8	9	10
....

Weitere Notizen

Durchschnittswert: ....

Alle Übungsdurchschnittswerte addieren ....

inkl. Schlafwert _____

geteilt durch 4

Tagesdurchschnittswert *geteilt durch 3*
oder durch Anzahl von Übungen, falls weniger als 3

Tagesdurchschnitt körperlich [   ] **emotional** [   ] **mental** [   ]

Befinden im Verlaufe des Tages:

Folgende Erlebnisse/Begegnungen waren mir heute wichtig:

Überraschung! Etwas mit dem ich nicht gerechnet habe:

Ich möchte mich heute/jetzt bedanken für:

Was habe ich heute gut gemacht?

Gibt es noch etwas, was mich gedanklich festhält oder ein Problem?
Kann und muss ich das heute Abend oder heute Nacht noch lösen? Oder darf ich es erst einmal loslassen, um neue Kräfte durch guten Schlaf zu sammeln?

Was kann ich heute aus den Erfahrungen lernen?

Das Thema / die Essenz dieses Tages:
Möglichst nur in einem Wort oder kurzem Satz

Gesamtzeit einschl. Tagebuchführung in Minuten

Keine Meinung. Die Übungen habe ich heute nicht gemacht.

Meine Nacht / mein Schlaf

| 1 | 2 | 3 | 4 | 5 | 5,5 | 6 | 7 | 8 | 9 | 10 |

Zählwerte von 1- 10, die genaue Mitte ist 5,5

_____

Notizen

Ich habe den Atem-/Bodyscan mit Dehnungen und die Meditation heute gemacht:

Morgens
Uhrzeit ....   Dauer...........

Wirkungen

Weitere Notizen

körperlich

| 1 | 2 | 3 | 4 | 5 | 5,5 | 6 | 7 | 8 | 9 | 10 | ....

emotional

| 1 | 2 | 3 | 4 | 5 | 5,5 | 6 | 7 | 8 | 9 | 10 | ....

mental

| 1 | 2 | 3 | 4 | 5 | 5,5 | 6 | 7 | 8 | 9 | 10 | ....

Durchschnittswert: ....

Mittags
Uhrzeit ....   Dauer...........

Wirkungen

Weitere Notizen

körperlich

| 1 | 2 | 3 | 4 | 5 | 5,5 | 6 | 7 | 8 | 9 | 10 | ....

emotional

| 1 | 2 | 3 | 4 | 5 | 5,5 | 6 | 7 | 8 | 9 | 10 | ....

mental

| 1 | 2 | 3 | 4 | 5 | 5,5 | 6 | 7 | 8 | 9 | 10 | ....

Durchschnittswert: ....

Abends
Uhrzeit ....   Dauer...........

Wirkungen

Weitere Notizen

körperlich

| 1 | 2 | 3 | 4 | 5 | 5,5 | 6 | 7 | 8 | 9 | 10 | ....

emotional

| 1 | 2 | 3 | 4 | 5 | 5,5 | 6 | 7 | 8 | 9 | 10 | ....

mental

| 1 | 2 | 3 | 4 | 5 | 5,5 | 6 | 7 | 8 | 9 | 10 | ....

Durchschnittswert: ....

Alle Übungsdurchschnittswerte addieren   ....

inkl. Schlafwert _____

geteilt durch 4

Tagesdurchschnittswert *geteilt durch 3*
oder durch Anzahl von Übungen, falls weniger als 3

Tagesdurchschnitt körperlich   **emotional**   **mental**

Befinden im Verlaufe des Tages:

Folgende Erlebnisse/Begegnungen waren mir heute wichtig:

Überraschung! Etwas mit dem ich nicht gerechnet habe:

Ich möchte mich heute/jetzt bedanken für:

Was habe ich heute gut gemacht?

Gibt es noch etwas, was mich gedanklich festhält oder ein Problem?

Kann und muss ich das heute Abend oder heute Nacht noch lösen? Oder darf ich es erst einmal loslassen ,um neue Kräfte durch guten Schlaf zu sammeln?

Was kann ich heute aus den Erfahrungen lernen?

Das Thema / die Essenz dieses Tages:

Möglichst nur in einem Wort oder kurzem Satz

Gesamtzeit einschl. Tagebuchführung in Minuten

Keine Meinung. Die Übungen habe ich heute nicht gemacht.

Meine Nacht / mein Schlaf

1	2	3	4	5	5,5	6	7	8	9	10

Zählwerte von 1- 10, die genaue Mitte ist 5,5　　　　　*Notizen*

Ich habe den Atem-/Bodyscan mit Dehnungen und die Meditation heute gemacht:

Morgens
Uhrzeit ....　　　　Dauer..........
Wirkungen

Weitere Notizen

körperlich

1	2	3	4	5	5,5	6	7	8	9	10

....

emotional

1	2	3	4	5	5,5	6	7	8	9	10

....

mental

1	2	3	4	5	5,5	6	7	8	9	10

....

Durchschnittswert:　　　　　　　　..........

Mittags
Uhrzeit ....　　　　Dauer..........
Wirkungen

Weitere Notizen

körperlich

1	2	3	4	5	5,5	6	7	8	9	10

....

emotional

1	2	3	4	5	5,5	6	7	8	9	10

....

mental

1	2	3	4	5	5,5	6	7	8	9	10

....

Durchschnittswert:　　　　　　　　..........

Abends
Uhrzeit ....　　　　Dauer..........
Wirkungen

Weitere Notizen

körperlich

1	2	3	4	5	5,5	6	7	8	9	10

....

emotional

1	2	3	4	5	5,5	6	7	8	9	10

....

mental

1	2	3	4	5	5,5	6	7	8	9	10

....

Durchschnittswert:　　　　　　　　..........

Alle Übungsdurchschnittswerte addieren　　　.......................

inkl. Schlafwert _____

geteilt durch 4

Tagesdurchschnittswert *geteilt durch 3*
oder durch Anzahl von Übungen, falls weniger als 3

Tagesdurchschnitt körperlich [　　] **emotional** [　　] **mental** [　　]

Befinden im Verlaufe des Tages:

Folgende Erlebnisse/Begegnungen waren mir heute wichtig:

Überraschung! Etwas mit dem ich nicht gerechnet habe:

Ich möchte mich heute/jetzt bedanken für:

Was habe ich heute gut gemacht?

Gibt es noch etwas, was mich gedanklich festhält oder ein Problem?
Kann und muss ich das heute Abend oder heute Nacht noch lösen? Oder darf ich es erst einmal loslassen ,um neue Kräfte durch guten Schlaf zu sammeln?

Was kann ich heute aus den Erfahrungen lernen?

Das Thema / die Essenz dieses Tages:
Möglichst nur in einem Wort oder kurzem Satz

Gesamtzeit einschl. Tagebuchführung in Minuten

Keine Meinung. Die Übungen habe ich heute nicht gemacht.

Meine Nacht / mein Schlaf

1	2	3	4	5	5,5	6	7	8	9	10

Zählwerte von 1- 10, die genaue Mitte ist 5,5

Notizen

Ich habe den Atem-/Bodyscan mit Dehnungen und die Meditation heute gemacht:

Morgens
Uhrzeit .... Dauer...........

Wirkungen

körperlich

1	2	3	4	5	5,5	6	7	8	9	10
....

emotional

1	2	3	4	5	5,5	6	7	8	9	10
....

mental

1	2	3	4	5	5,5	6	7	8	9	10
....

Weitere Notizen

Durchschnittswert: ....

Mittags
Uhrzeit .... Dauer...........

Wirkungen

körperlich

1	2	3	4	5	5,5	6	7	8	9	10
....

emotional

1	2	3	4	5	5,5	6	7	8	9	10
....

mental

1	2	3	4	5	5,5	6	7	8	9	10
....

Weitere Notizen

Durchschnittswert: ....

Abends
Uhrzeit .... Dauer...........

Wirkungen

körperlich

1	2	3	4	5	5,5	6	7	8	9	10
....

emotional

1	2	3	4	5	5,5	6	7	8	9	10
....

mental

1	2	3	4	5	5,5	6	7	8	9	10
....

Weitere Notizen

Durchschnittswert: ....

Alle Übungsdurchschnittswerte addieren ....

inkl. Schlafwert _____

geteilt durch 4

Tagesdurchschnittswert *geteilt durch 3*
oder durch Anzahl von Übungen, falls weniger als 3

Tagesdurchschnitt körperlich [ ] **emotional** [ ] **mental** [ ]

Befinden im Verlaufe des Tages:

Folgende Erlebnisse/Begegnungen waren mir heute wichtig:

Überraschung! Etwas mit dem ich nicht gerechnet habe:

Ich möchte mich heute/jetzt bedanken für:

Was habe ich heute gut gemacht?

Gibt es noch etwas, was mich gedanklich festhält oder ein Problem?

Kann und muss ich das heute Abend oder heute Nacht noch lösen? Oder darf ich es erst einmal loslassen ,um neue Kräfte durch guten Schlaf zu sammeln?

Was kann ich heute aus den Erfahrungen lernen?

Das Thema / die Essenz dieses Tages:

Möglichst nur in einem Wort oder kurzem Satz

Gesamtzeit einschl. Tagebuchführung in Minuten

Keine Meinung. Die Übungen habe ich heute nicht gemacht.

Meine Nacht / mein Schlaf

1	2	3	4	5	5,5	6	7	8	9	10

Zählwerte von 1- 10, die genaue Mitte ist 5,5

Notizen

Ich habe den Atem-/Bodyscan mit Dehnungen und die Meditation heute gemacht:

Morgens
Uhrzeit ....   Dauer...........

Wirkungen

körperlich

1	2	3	4	5	5,5	6	7	8	9	10

....

emotional

1	2	3	4	5	5,5	6	7	8	9	10

....

mental

1	2	3	4	5	5,5	6	7	8	9	10

....

Durchschnittswert: ....

Weitere Notizen

Mittags
Uhrzeit ....   Dauer...........

Wirkungen

körperlich

1	2	3	4	5	5,5	6	7	8	9	10

....

emotional

1	2	3	4	5	5,5	6	7	8	9	10

....

mental

1	2	3	4	5	5,5	6	7	8	9	10

....

Durchschnittswert: ....

Weitere Notizen

Abends
Uhrzeit ....   Dauer...........

Wirkungen

körperlich

1	2	3	4	5	5,5	6	7	8	9	10

....

emotional

1	2	3	4	5	5,5	6	7	8	9	10

mental

1	2	3	4	5	5,5	6	7	8	9	10

....

Durchschnittswert: ....

Weitere Notizen

Alle Übungsdurchschnittswerte addieren   ....

inkl. Schlafwert   _____

geteilt durch 4

Tagesdurchschnittswert *geteilt durch 3*
oder durch Anzahl von Übungen, falls weniger als 3

226   **Tagesdurchschnitt körperlich**   **emotional**   **mental**

Befinden im Verlaufe des Tages:

Folgende Erlebnisse/Begegnungen waren mir heute wichtig:

Überraschung! Etwas mit dem ich nicht gerechnet habe:

Ich möchte mich heute/jetzt bedanken für:

Was habe ich heute gut gemacht?

Gibt es noch etwas, was mich gedanklich festhält oder ein Problem?
Kann und muss ich das heute Abend oder heute Nacht noch lösen? Oder darf ich es erst einmal loslassen ,um neue Kräfte durch guten Schlaf zu sammeln?

Was kann ich heute aus den Erfahrungen lernen?

Das Thema / die Essenz dieses Tages:
Möglichst nur in einem Wort oder kurzem Satz

Gesamtzeit einschl. Tagebuchführung in Minuten

Keine Meinung. Die Übungen habe ich heute nicht gemacht.

Wie viel Zeit habe ich insgesamt für die Übungen
inkl. der abendlichen Tagebuchführung investiert?

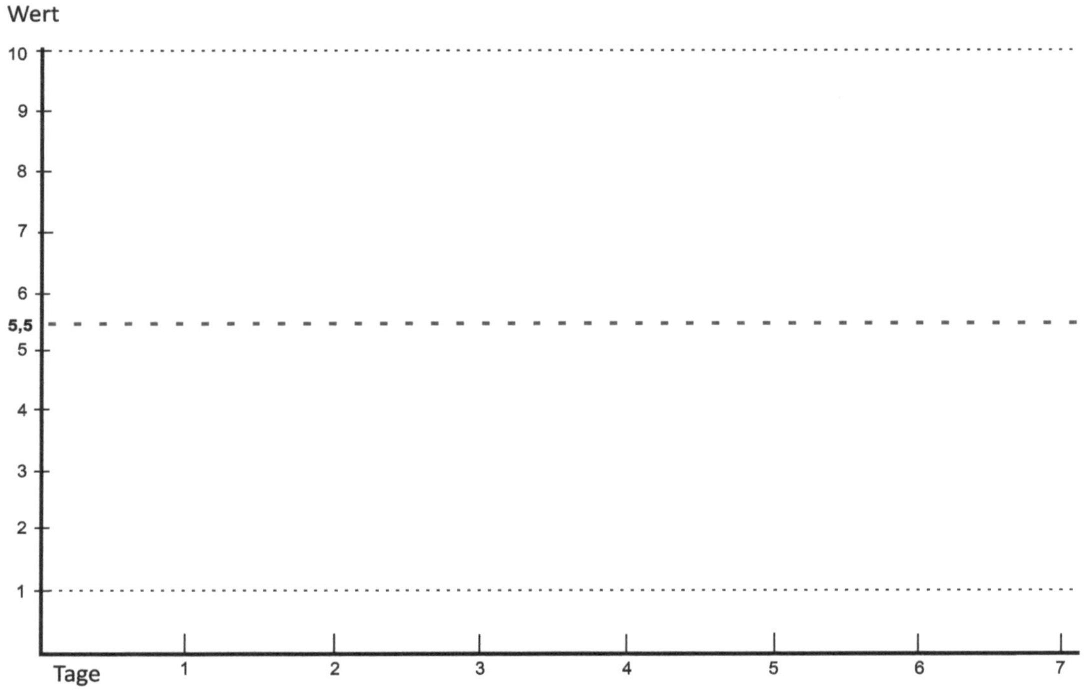

Wert

10						
9						
8						
7						
6						
5,5						
5						
4						
3						
2						
1						

Tage   1   2   3   4   5   6   7

Übertrage zuerst die Tagesgesamtwertzahlen und verbinde die Punkte miteinander zu einer dicken Linie.

Trage anschließend die weiteren Werte für körperliches, emotionales, mentales Befinden sowie Schlafbefinden ein und verbinde sie ebenso zu Kurven – am besten mit verschiedenen Farbstiften oder zur Unterscheidung kenntlichen Markierungen.

Die Mittelwert ist 5,5. Liegt deine Kurve insgesamt über dieser Linie oder unter der Linie?

Gesamtdurchschnittswert der Woche für die Übungen:
Tageswerte addieren- durch 7 teilen bzw. der absolvierten Übungstage

Wochengesamtwert

Gesamtwert inkl. Schlafwerte ....

Wochenwert körperlich ....
Wochenwert emotional ....
Wochenwert mental ....
Wochenwert Schlaf ....

In meinem Befinden hat sich etwas verändert

körperlich

emotional

mental

Falls ja. Welche Gründe gibt es für die Veränderung?

Ich möchte mich für die vergangene Woche besonders bedanken für:
Schau noch einmal auf deine Danksagungen. Entscheide dich für eine oder zwei Danksagungen oder schreibe etwas Neues auf, was dir einfällt:

Ich habe folgendes wirklich gut gemacht. Dafür nehme ich mich jetzt in die Arme und wertschätze mich: *Schau noch einmal auf die Tagebucheintragungen der Woche. Wähle 2 -3 Fakten aus*

Ein Ereignis hat mich besonders in meiner Alltagsroutine überrascht:
Bitte schau rückblickend auf die Frage „Überraschung"

Meine Erkenntnis aus dieser Überraschung ist....

Was mir noch wichtig ist hier einzutragen
Brainstorming, Worte, Gedanken

Meine Essenzen der jeweiligen Tage

Bitte trage alles, was du in Tagesessenzen aufgeschrieben hast, hier noch einmal ein:

Für mich ergibt sich ein Thema / eine Erkenntnis aus den Essenzen?

Aus dieser Erkenntnis möchte ich in den kommenden Tagen folgendes umsetzen:

To-do-Liste und wie

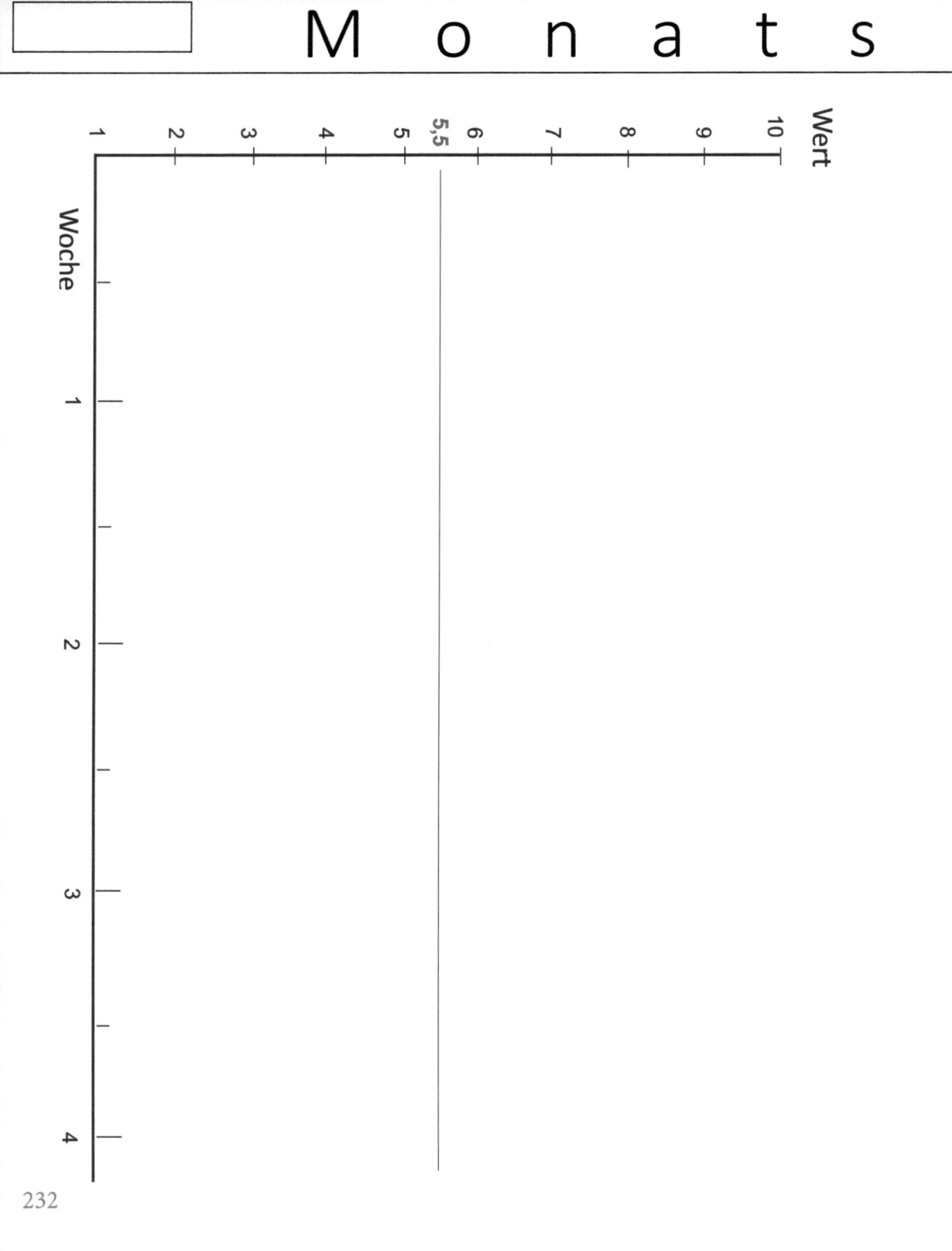

Wert

10
9
8
7
6
5,5
5
4
3
2
1

Woche

1   2   3   4

Wie viel Zeit hast du insgesamt für die Übungen inkl. abendlicher Tagebuchführung investiert?

Addiere die Gesamtzeiten aller Wochen

Durchschnittswert:
4 Wochenwerte addieren und durch 4 teilen,
genauer ist jedoch die Werte von 28 Tagen zu addieren
und durch 28 zu teilen

Essenz – welche Erkenntnisse hast du in den letzten Wochen gewonnen?

Schau dir noch mal die Essenzen der vier Wochen an und schreibe sie hier noch einmal auf

Ergibt sich daraus ein neues Thema/eine Erkenntnis aus diesen Essenzen?

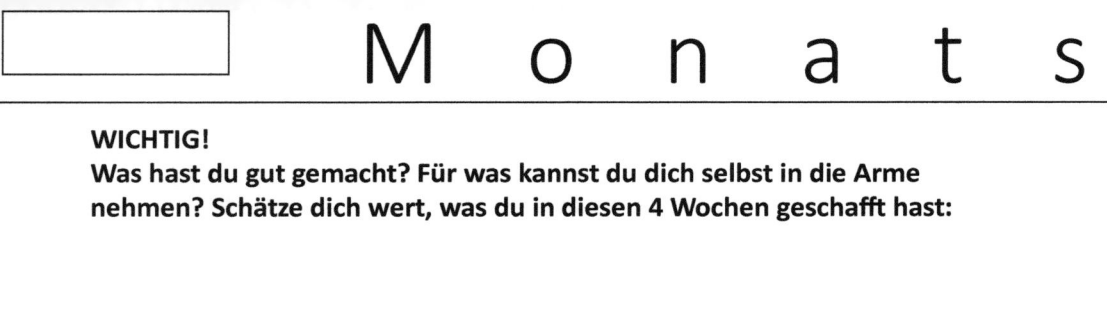

WICHTIG!
Was hast du gut gemacht? Für was kannst du dich selbst in die Arme nehmen? Schätze dich wert, was du in diesen 4 Wochen geschafft hast:

Konntest du bezüglich eines Problems und seiner Lösung ein Stück weiterkommen?

Wenn ja, worauf beruht die Lösung

Wenn nein, was könnte dir helfen, um das Problem zu lösen?

Konntest du dich der Verwirklichung deiner Ziele, Vorhaben und Vision etwas nähern?

Schau dir deine Visionsseite an und ergänze sie

Wenn ja, worauf führst du dies zurück?

Wenn nicht, was, glaubst du, sind die Gründe?

Hat sich in deiner Zielsetzung und Vision etwas verändert?

Fühlst du dich im Alltag konzentrierter und präsenter als vorher?

Wenn ja, worauf führst du dies zurück

Gibt es eine Essenz aus den Danksagungen der letzten Wochen – eine, die zentral ist?

GESAMTAUSWERTUNG

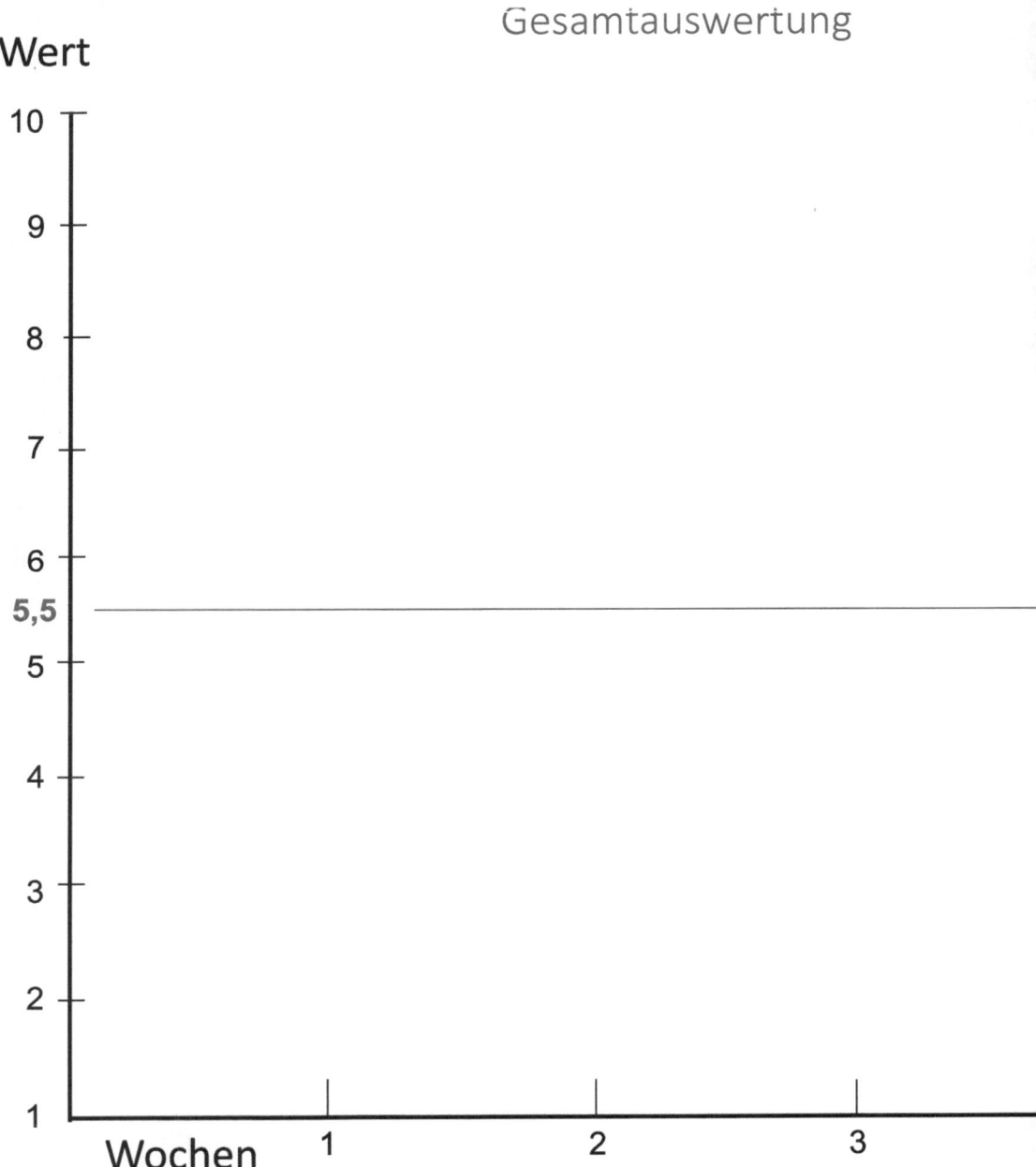

Trage alle Hauptwerte der jeweiligen Wochen ein. Du kannst zusätzlich auch in unterschiedlichen Farben oder Striche

www.berndtrusheim.d

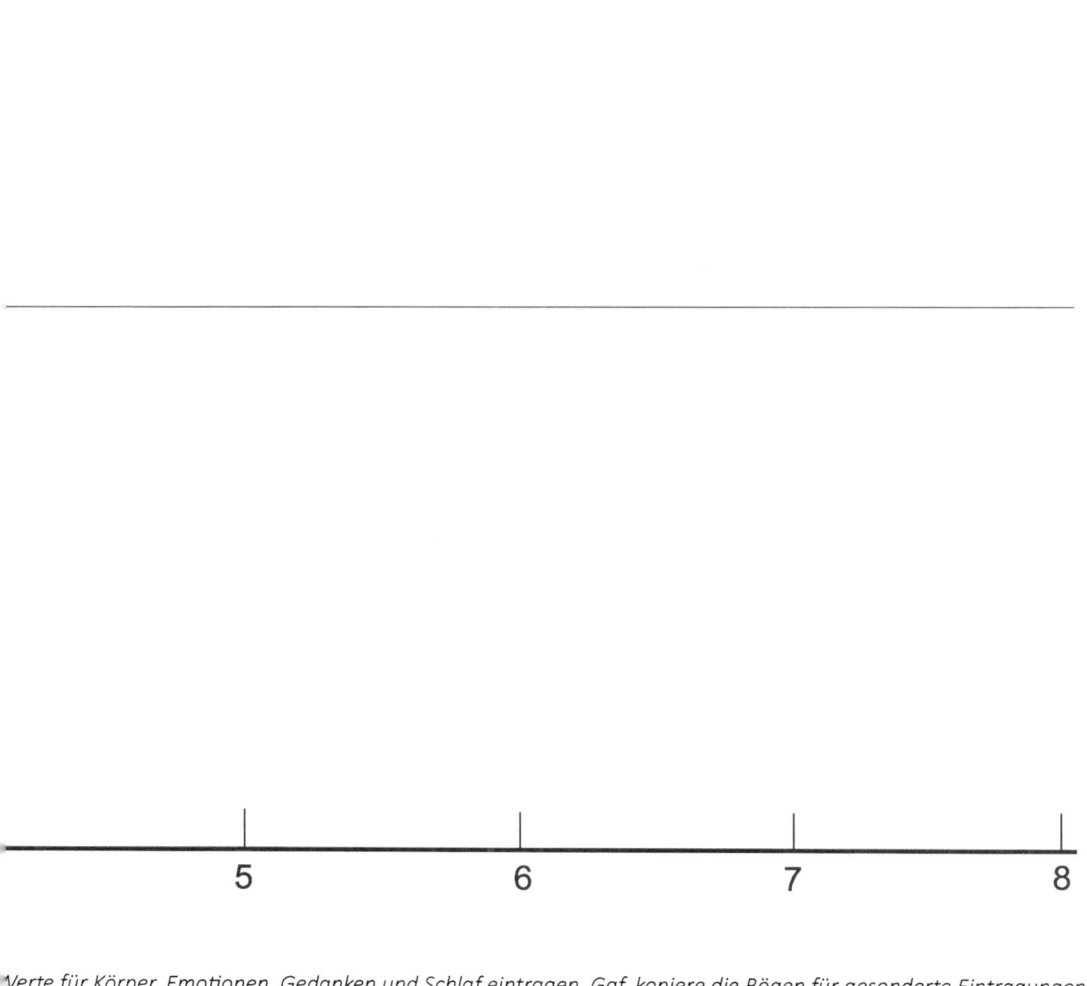

5	6	7	8

Werte für Körper, Emotionen, Gedanken und Schlaf eintragen. Ggf. kopiere die Bögen für gesonderte Eintragungen.

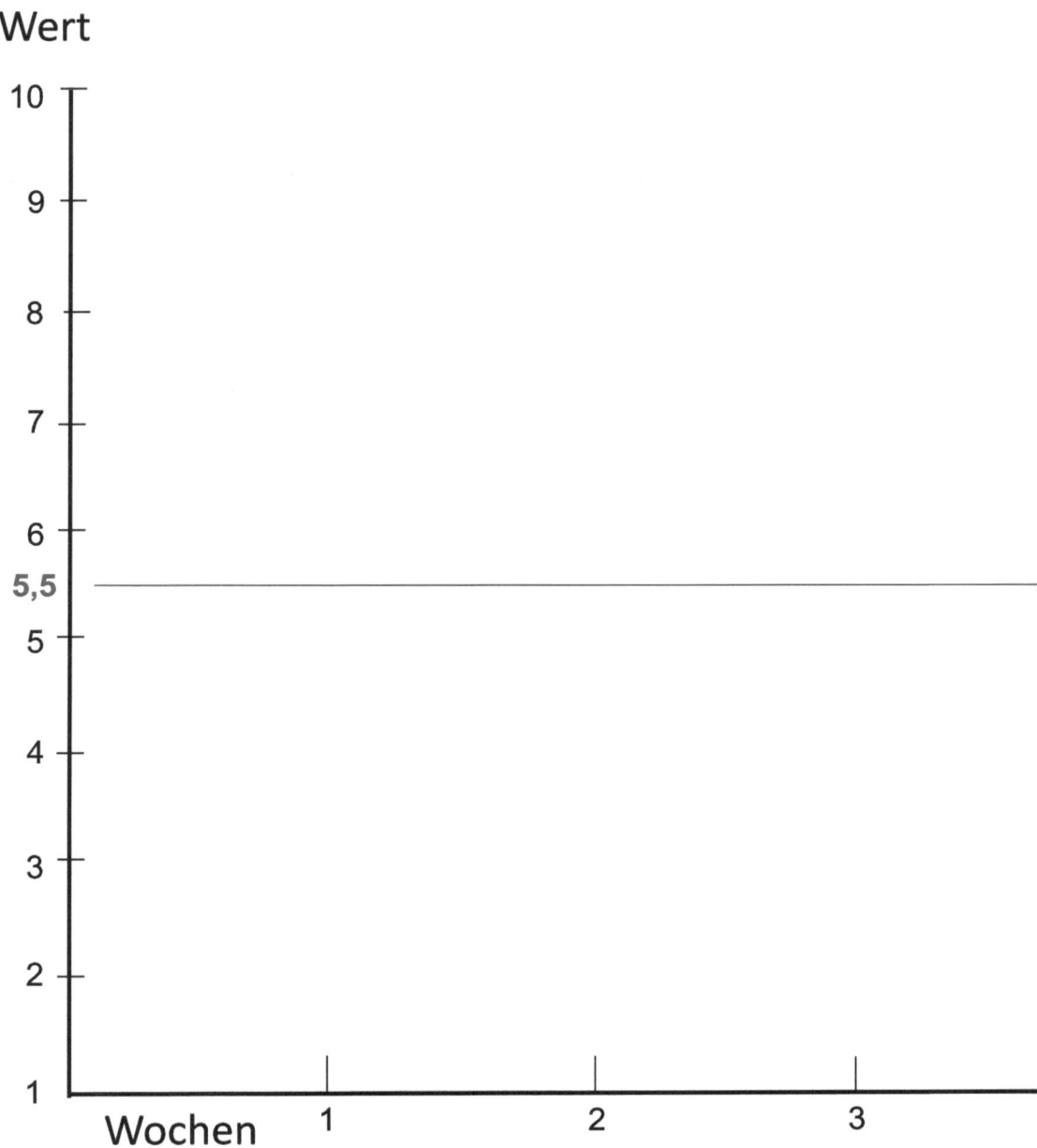

www.berndtrusheim.de

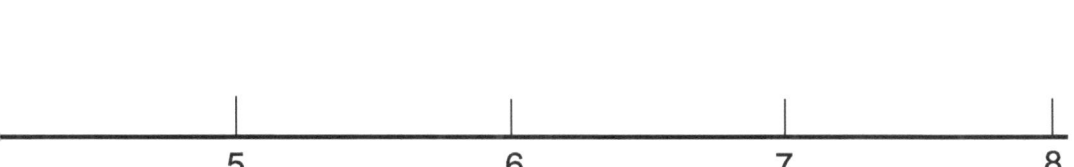

Gesamtauswertung

Gesamtdurchnittswert aller 8 Wochen

Was hat dieses Tagebuchtraining inklusiv der Übungen bei mir bewirkt?

körperlich

mental

emotional

seelisch- spirituell

Was habe ich wirklich gut gemacht? Worauf kann ich stolz sein?

Wie kann ich das Tagebuchtraining und die Übungen für meine Bedürfnisse anpassen und in den Alltag integrieren?

In welchen Phasen nützt mir das Tagebuchtraining und die Übungen besonders?

Warum stehe ich morgens noch auf? Was ist der Sinn hinter allem?

Schau bitte noch einmal auf S.45 „Visionsfindung" und ergänze ggf. deine Kernbotschaft.

Wie sieht es mit meiner eigenen Fehlertoleranz aus – als Mensch fehlbar zu sein?

Wie stark ist noch meine Selbstkritik?

Wie scharf und hart gehe ich mit mir ins Gericht? Was nützt mir das?

Wie weit vergleiche ich mich immer noch mit anderen Menschen?

Aussöhnung und Vergebung

Gibt es noch eine große Sache in der Vergangenheit, die du noch nicht ausgesöhnt hast? Mit dir selbst oder einem anderen Menschen?

Wie weit erkenne und liebe ich meine Einzigartigkeit?

Das Leben bringt Millionen verschiedener Strukturen und Arten hervor – so auch dich, mit deiner Einzigartigkeit, deinem Rucksack, deinem Schicksal, deiner Schönheit, deiner Liebe. Wisse und spüre, dass du nicht allein bist, nicht getrennt bist. Wisse, dass du ein Teil bist von dem erhabenen Geheimnis, dass wir Leben nennen. Und so spüre, dass du etwas in diesem Leben beiträgst: Mit Deinem Duft, Deinem Geschmack, deiner Farbe, deinem Klang. Das ist es, was das Göttliche von dir will.

Ich bin mit mir bereits einen weiten Weg gegangen. Ich gebe mir eine Herzensbotschaft. Ich schreibe hier etwas Wichtiges – etwas, was in mir wahrhaftig und wertvoll ist:

Was ich noch sagen und aufschreiben möchte:

Weitere Bücher von Bernd Trusheim

„Richtig atmen – gesünder leben", Copress Sport 1996, *nicht mehr leiferbar*

„ATEM KÖRPER BEWUSSTSEIN", BoD 2016,
in jedem Buchladen oder online bestellbar / ISBN-Best.Nr. 9 783839 184530

„Atme dich frei", erscheint im August 2018, BoD

„Dehn und gähn dich frei", erscheint im September 2018, BoD

„Meditier dich frei", erscheint im November 2018, BoD

„Halt dir den Rücken frei", erscheint im Frühjahr 2019

„Atem Körper Bewusstsein", überarbeitete Auflage erscheint im Frühjahr 2019

„BEAP – der bewusstseinserweiternde Atemprozess",
Buch sowie CD erscheinen im Frühjahr 2019

Bernd Trusheim

Jahrg. 1952 Changebegleiter, Coach, Atempädagoge, Atemtrainer, Dipl.-Soz.Päd., Ratgeber- und Fachbuchautor.

In den Achtzigerjahren hatte ich das Glück Schüler der bereits verstorbenen Atempionierin Prof. Ilse Middendorf („Der Erfahrbare Atem") sein zu dürfen. Seit 1983 bin ich als Weiterbildner, Referent, Dozent zu Themen der Gesundheitsvorsorge, Lifecoaching, Körpertherapie, Körpersprache, Körperkompetenzen, Stressmanagement tätig. Zusätzlich konnte ich neben diversen Fortbildungen wichtige berufliche Erfahrungen in einer mehrjährigen Arbeit in der Psychiatrie sammeln.

Meine Startvoraussetzungen ins Leben waren weniger optimal, eher katastrophal. Doch das Leben forderte mich ins Leben – auf meinen Weg. Jeder von uns hat seinen Weg, sein Gepäck, seine Zeit, seine eigene Geschwindigkeit für diese Wanderschaft. Ist es nicht der Werde‘GANG‘, der Lebens‘LAUF‘, der uns zu Menschen reifen läßt? Sind nicht die „Umwege" genau die Wege, manchmal auch „SchleuderGÄNGE", die eigene Wahrheit, die eigene Geschichte und sein Wesen zu erkennen? Aus meiner Lebenserfahrung und der Arbeit mit Menschen bieten Grenzerfahrungen und „Durchlebnisse", so schwer sie auch sein mögen, eine große Chance zu wahrer Lebensmeisterschaft und Liebe. Erwachsen konnte ich selbst erst werden, indem ich meine Geschichte ansah und aufarbeitete, mich aus dem Opfer-Status löste und die volle Verantwortung für all mein Tun übernahm. Die Aussöhnung, die Vergebung ist dabei der wohl größte und letzte Schritt, um wirkliche Heilung und ein vollkommen neues Leben zu gewinnen – ein Leben, in dem Schönheit, Fülle und Verbundensein mit dem Ganzen wieder einen Platz finden.

In Liebe und Dankbarkeit möchte ich andere Menschen ein Stück begleiten, mutig ihren Weg in Phasen großer Herausforderungen und „notwendiger" Veränderungen zu finden und zu gehen.

BEAP - Trainer/Coach

Dauer: 2,5 Jahre – berufsbegleitend, 30 Tage
300 UE / 5 x 5 Tage Block + 2 WE (Fr-So) inkl. Grundmodul I
siehe BAT-Trainer/Coach

Lizenz zur Leitung von BEAP-Seminaren/Workshops
Es werden insgesamt nur 100 BEAP-Trainer/Coaches für Deutschland ausge-
bildet! Grundlage ist das Buch + CD „**BEAP – der bewusstseinserweiternde
Atemprozess**" (erscheint Frühjahr 2019)

Voraussetzungen

Geeignet für helfende, therapeutische und beratende Berufe. Teilnahme und
Abschluss Grundmodul I. Quereinstieg aus anderen Berufen bei besonderer
Eignung möglich. Diese persönliche Eignung zeigt sich im Verlauf der erfolg-
reichen Teilnahme im Grundmodul I.

Grundmodul I (Siehe Seite 249 ff.)

„Weiterbildung in Basisatemtraining (BAT)" „BAT-Trainer"
Dies ist eine abgeschlossene 1. Weiterbildung. Zusätzlich zu den aufgeführten
Ausbildungseinheiten werden ein vertiefendes Literaturstudium sowie prak-
tische Arbeiten, Controling und Auswertungen zu Hause und in Peergroups erwartet. Diese Zeiten musst du unbedingt in deine Kalkulation mit einrechnen.

Dein entscheidender Nutzen

Erweiterung deiner persönlichen, therapeutischen, beratenden und helfenden
Kompetenz. Lizenz zur Leitung von BEAP-Seminaren/Workshops als **„BEAP-
Trainer/Coach".** Du wirst zu den 100 Coaches gehören, die nur in Deutschland
ausgebildet werden. Das erhöht die Chance zu erfolgreichem Arbeiten durch
weniger Konkurrenz und somit v.a. einen professionellen engen Austausch un-
tereinander. Dazu entsteht ein BEAP-Netzwerk.

BAT-Trainer/Coach

Weiterbildung in Basisatemtraining (BAT)

Grundmodul I für BEAP-Trainer/Coach-Ausbildung

Dauer: 2 x 5 Tage Block — berufsbegleitend
100 UE = Unterrichtseinheiten je 45 Minuten

Voraussetzungen

Geeignet für helfende, therapeutische, beratende, soziale, pflegende Berufe, ebenso für Übungsleiter aus den Bereichen Sport, Bewegung, Tanz, Schauspiel und Körpersprache, Gesundheit sowie für Quereinsteiger.

Inhalt

Dieses Grundmodul bietet einen fundierten Einstieg in die Wirkungs- und Arbeitsweise des Basisatemtraining — BAT. Mittelpunkt ist das Training und die Erfahrung der Basisatmung, auch als Bauchatmung, Zwerchfellatmung und Tiefenatmung bekannt. Sie ist eine der effektivsten Atemtechniken zur Verbesserung des gesamten Befindens des Menschens auf körperlicher, emotionaler und mentaler Ebene.

Dein entscheidender Nutzen

Erweiterung deiner persönlicher, therapeutischen, beratenden und helfenden Kompetenz. Lizenz zur Leitung von BAT-Seminaren/Workshops als „BAT-Trainer/Coach".

Gleichzeitig ist dieser Abschluss Voraussetzung zur Weiterbildung zum „BEAP-Trainer/Coach"

Ausführliche Informationen:

weiterbildung@berndtrusheim.de   www.berndtrusheim.de

BEAP - Trainer/Coach

BAT - Trainer/Coach
Weiterbildung in Basisatemtraining (BAT)

Literaturliste:

Richtig atmen – gesünder leben, Bernd Trusheim, Copress Sport 1996

ATEM KÖRPER BEWUSSTSEIN, Bernd Trusheim, BoD 2016

Gesund durch Meditation, Jon Kabat-Zinn, O.W. Barth, München 2011

Meditation – beginnt jetzt genau hier, Steve Hagen, Windpferd, Obersdorf 2010

Meditation für Skeptiker, Ulrich Ott, O. W. Barth, 2010

Vor Freude tanzen, vor Jammer halb in Stücke gehn, Hadassa K. Moscovici, Luchterhand 1989

Die menschliche Bewegung, Dore Jacobs, Aloys Henn Verlag 1977

Hara, Karlfried Graf Dürckheim, Otto Wilhelm Barth Verlag 1997

Bewusstheit durch Bewegung, Moshe Feldenkrais, suhrkamp 1967

Der Erfahrbare Atem, Ilse Middendorf, Junfermann 1984

Atmen und leben, John Selby, rororo1987

Atemheilkunst, Ludwig Schmitt, Humata Verlag 1966

Die große Kraft des Atems, Andre van Lysebeth, O.W.Barth 1985

Die Weisheit des Körpers, Heiko Ernst, Piper 1993

Das Tao des Atmens, Dennis Lewis, Arsiton1997

Eutonie, Gerda Alexander, Kösel-Verlag 1976

Krankheit als Weg, Thorwald Dethlefsen, Bertelsmann 1987

Körperbewusstsein, Ken Dychtwald, Synthesis Verlag 1981

Darm mit Charme, Giulia Enders, Ullstein 2015

JETZT – die Kraft der Gegenwart, Eckart Tolle, Kamphausen 2000

GEO 09/2009 Das geheime Lippenbekenntnis

GEO 2004, Das Verlangen nach Berührung

Dem Leben entfremdet. Warum wir wieder lernen müssen, zu empfinden Arno Gruen, Klett-Cotta 2013

Die sieben Schleier vor der Wahrheit, Ruediger Schache, Goldmann 2011

Spüre die Welt. Die Wissenschaft des Bewußtseins, Tor Nørretranders, rororo 1997

CD, Das Geheimnis meines Spiegelpartners: Die Beziehung als Weg zur inneren Befreiung, Rüdiger Schacher, Ansata Verlag 2013

Hörbücher: Das Buch der Menschlichkeit / Das Herz der Liebe, Dalai Lama

Das Wunder der Dankbarkeit, Manfred Mohr, Gräfe und Unzer 2012

Wie der Bauch dem Kopf beim Denken hilft: Die Kraft der Intuition, Bas Kast, 2009

Denken mit dem Bauch, Burkhard G. Busch, Kösel 2002

Michael Balint (Angstlust und Regression, Rowohlt TB, Reinbek 1972

EGO, Frank Schirrmacher, Blessing 2013

Das einfache Leben - Vom Glück des Wenigen, John Lane

Lebendig im Atem, Selbsterfahrung und Therapie durch Atemarbeit, Ruth Rufer 1995

Das Wunder der Dankbarkeit, Manfred Mohr, Gräfe und Unzer2012

Vom Schmerz befreit, Peter A. Levine / Maggie Philipps,